得閒去飲茶。

JPC
HK

得閒飲西茶

Eats-meet-West

李嘉雯 著

許多香港人的下午，

是從一杯奶茶和一件菠蘿油開始的……

序一

Carmen 和 Alan 都是有心人，以「得閒去飲茶」作媒介，讓公眾認識規模較小的慈善組織，同時推廣傳統的飲茶文化。

《得閒飲西茶》就更得我心，我鍾情發掘茶餐廳小店動人的奮鬥故事，從街邊「走鬼檔」到固定牌檔、熟食中心甚至入舖。不少小店更是以店主自己的名字命名，體會到小店不止養活其一家大小，也是店主人生的重要部分，教人動容，反映出香港人奮發向上的精神面貌。

Carmen 筆下的小店訪問最是窩心，特別是我熟悉的南園餐廳，充滿了濃濃的人情味，店主和茶客之間的親切互動便是社會資本，當中有互信、關顧、跨世代跨階層的互助，這些都是無形的社會軟實力。

關則輝

序二

Carmen三年前出版的《得閒去飲茶》，口碑載道，更獲取了金閲獎。

該書面世之後，她與夫婿Alan以「飲茶、關愛、傳承」為宗旨，舉辦一系列的社會關愛活動，令該書更加深入民心。

我亦經常獲他們邀請出席活動，每次均座無虛席，場面熱鬧，足以證明這類活動非常「貼地」及受歡迎，得到市民大眾支持。

有見及此，Carmen繼該書後，再度與三聯書店合作出版《得閒飲西茶》，繼續走訪香港人的飲茶文化及其中滲透著的人情味。

無論是中茶或西茶，都極受香港人及海外遊客愛戴，令香港贏得「美食天堂」的國際聲譽。

衣、食、住、行四大生活元素中，食佔了重要一環，所謂「民以食為天」，以往是「食在廣州」，現在是香港甚麽也可以享受得到，不讓廣州專美。

香港於一八四二年成為英國殖民地，之後西方飲食文化在這裡萌芽，並逐漸開始普及起來。初期只流行於上層社會，隨著社會日漸進步，一般普羅大衆也學懂「嘆西茶」這玩意，延續西方下午茶的高格調享受。甚至以本土元素重新演繹傳統西餐，創造出地道的中式西餐及港式茶餐。

本人喜歡收藏與飲食歷史有關的文獻，於九〇年代與香港文化博物館合作展出自己的藏品，近年亦借出藏品予一些商場，市民反應非常熱烈。真期待 Carmen 這本《得閒飲西茶》推出時能夠配合本人今年度（七月份舉辦）的另一次飲食藏品展，一起與衆同樂。

張順光
香港收藏家協會副會長
丁酉年仲夏（二〇一七年六月）

目錄

前言

從傳統西餐到港式茶餐

01 傳統西餐

引子：甚麼是西餐？ 2

Traditional Western Cuisine

訪問篇 4

半島酒店餐廳 5

半島酒店員工 16

典故篇 26

餐廳的由來 27

不可不知的西餐禮儀 30

西餐真的文明嗎？ 38

下午茶 41

英式奶茶 46

火焰雪山 48

凱撒沙律 51

威靈頓牛柳 54

食譜篇 56

火焰雪山 56

02 華人西餐

Chinese-Western Cuisine

引子：豉油西餐的來歷 60

訪問篇 62
森美餐廳 63
樂意扒房 78

典故篇 92
卡位的起源 93
瑞士雞翼 95
紅湯與白湯 98
意粉與河粉 102
拿破崙意粉 104
扒房與鐵板餐 107

食譜篇 110
安格斯牛扒 110

03 港式茶餐

Hong Kong-Style Tea Set

引子：充滿人情味的「茶記」 114

訪問篇 116
海安咖啡室 117
南園餐廳 129
銀龍粉麵茶餐廳 140

典故篇 154
飲冰室 155
冰室與茶餐廳的卡位 159
老火例湯 161
茶餐廳行規 163
港式奶茶 166
奶茶、鴛鴦、茶走 169
將冰山劈開 173
民間保健飲品 177
菠蘿油 181
雞尾包 184
方包、多士、三文治 187
食店的「過河」文化 192

食譜篇 196
法式西多士 196

香港人的「茶餐廳精神」

後記

鳴謝

前言

繼《得閒去飲茶》後，筆者有幸與三聯書店再度合作，繼續尋訪香港人的飲茶文化及其蘊含的人情味。不過，今次是飲西茶。

香港地，華洋雜處，不少中國人移居香港，帶著一盅兩件的鄉情，成就了港式點心酒樓；英國人則飄洋過海，千里迢迢來到這片小小的殖民地，並在這裡延續其下午茶的高格調享受。後來，華人以本土元素重新演繹傳統西餐，創造了豉油西餐和港式茶餐。

兒時聽過以下的對話：

大人甲：「喂，咁耐無見，得閒去飲茶。」

大人乙：「好呀，不過你好似飲西茶過喎？都唔啱我何車！」

大人甲：「話你大鄉里真係唔識嘢，你試下先講啦，去前面間茶記，飲杯飛砂走奶，食件西餅，我請！」

的確，咖啡奶茶、西餅麵包都是舶來品，早期的香港人對之既好奇又抗拒。原本是洋人在酒店的「玩意」，後來被追上時髦、識時務的香港人把它「反轉再反轉」，成為普羅大眾的家常飲食，更成為香港飲食文化的代表。箇中有趣的故事和典故，本書將娓娓道來。

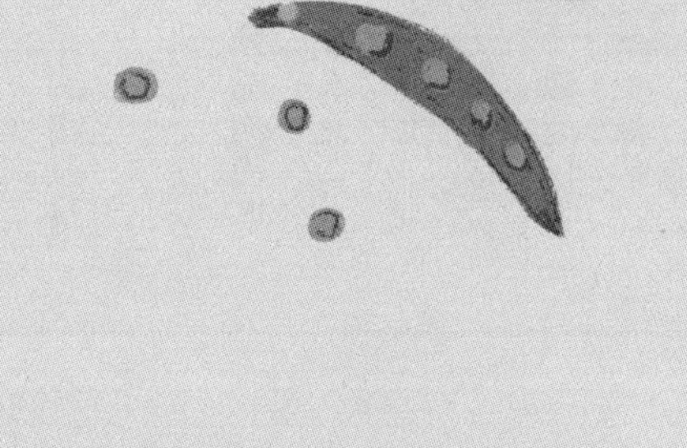

從傳統西餐到港式茶餐

「You are what you eat.」這句話普遍解讀為你的個人健康與你吃甚麼食物的關係是成正比的。

我的解讀卻是：你能夠吃到那種菜式，便表示你能夠代表那個社會的文化背景或身份地位。是，我是說「能夠」。在今時今日香港這個各類美食應有盡有的國際大都會，這個論點似乎很牽強，大部分市民的早、午、晚三餐，以及三餐之間的下午茶、happy hour、甚至宵夜，不就是隨興之所至，想吃甚麼便找甚麼吃，中、西、日、泰、韓各式美食任君選擇嗎？不論平貴，入口皆為珍品，沒所謂能吃不能吃。

如果大家把時光倒流一百七十多年，香港剛成為英國殖民地，統治者刻意將華洋分隔，歧視華人。同一天空下，卻是尊卑分明。山頂區只准洋人居住，若干地段只能興建歐式建築。高級的西人會所如香港會，更是不容許華人參與。即使後來統治者採用「以華制華」的統治政策，造就了一群「高等華人」或稱為「華人精英」的本地人，其社會身份和地位比一般平民百姓優越，但他們跟洋人依然有著差別。後來，華人精英開始致富，形成了一群希望爭取更高社會地位的華人紳商。這群華人精英有了自信心，為了展示高等華人的氣派，於是仿效洋人組成上流社交圈子，例如中華遊樂會、南華體育會等。

不難想像，上述香港整個社會大環境的變化，也發生在市民日常生活的各個方面。開埠初期，香港的酒店、餐廳只招待洋人。隨著華人在社會上的地位逐步提升，開始出現一些模仿西餐的華人西餐，也有華人乾脆把西餐本地化，產生了豉油西餐和港式茶餐。經過廣泛流傳，西方的飲食文化在香港社會不同階層流行起來。兩者不但沒有排斥，反而是互相輝映。在飲食界從業員的努力下，令香港贏得了「國際美食之都」的美譽。

當刀叉遇上筷子，意粉遇上河粉⋯⋯如果你想知道他們是如何「相知、相遇及相處」，本書值得你慢慢看下去。

Traditional Western Cuisine

01

傳統西餐

引子

甚麼是西餐？

西餐該怎樣定義呢？記得兒時生日或遇上聖誕節，嫲嫲都會宣佈「今晚我們吃西餐！」當晚我們便能夠吃炸雞腿和喝可樂！後來，「麥叔叔」進軍香港，我們認識的西餐又多了漢堡包和炸薯條。到了讀書成長年代，認為用刀叉鋸扒便是西餐。後來，去連鎖薄餅店吃薄餅、意粉和沙律，又是西餐。以上這些，應該就是大部分香港人認識的西餐。

對東方人而言，英國、法國、美國都屬於西方國家。從十九世紀開始，他們大舉侵佔亞洲土地並且在這裡駐足，帶來了西方的飲食文化。一八四二年，香港成為英國殖民地，英式飲食文化在這裡開始生根。

不論是在英國、澳洲還是美加，海外的華僑總能找到數間自己喜愛的唐餐館，以解思鄉之愁。相反，每當我們旅遊工幹，短暫逗留海外時，倘若吃上中國菜，一般都會批評食物不夠地道，食材不夠新鮮，煮法不夠傳統等等。心理學家認為，這一切是由於當事人的主觀願望和心態。僑民明知回鄉無期，惟有降低期望，聊勝於無，吃得入口的家鄉菜便是好菜。

那麼，洋人僑居香港吃西餐時又是否抱有差不多的心態呢？還是因為他們在這裡當家作主，把最地道的飲食文化帶來這裡，令傳統西餐在香港建立了良好的基礎，讓華人有機會學習，再加以發揮，做出更好的成績？

訪問篇

半島酒店餐廳

香港開埠初期，西餐便是西餐，中菜便是中菜，壁壘分明，沒所謂 fusion。提供西餐的地方離不開是酒店、高級餐廳或是私人會所。加上強烈的種族歧視，出入西餐廳的都是洋人，華人只能望門輕嘆。

踏足半島的意義

能夠踏足半島，是不少香港人的願望，因為這家自一九二八年開始在香港營業的五星級酒店，給人家的感覺是，只有達官貴人及洋人，才有資格光顧。這個觀念在早期歧視華人的殖民地時代，特別強烈。從此，酒店成為上流社會、名媛貴婦指定的宴會場所，所以半島享有「遠東貴婦」的美譽。開業初期，半島只有三間餐廳：Lobby、Gaddi's 及 Verandah，都是以提供西餐飲食為主。

AA 9312
AB

踏足半島這間氣派非凡的酒店，是無數香港人的願望（照片由半島酒店提供）。

半島已成為上流社會人士的飯堂

Gaddi's

這是半島歷史最悠久的餐廳，開業至今六十年，也是香港第一間擁有高雅裝飾和華麗裝潢的正統法國餐廳。所謂先敬羅衣後敬人，要在這間餐廳進餐，必須衣著端莊，男士要穿著「踢死兔」，昂首闊步帶著女伴徐徐步入這個高掛了水晶燈的大廳，拿著抹得光亮的銀器餐具細嚼美食，無聲無息地帶出了餐廳和客人之間配合得天衣無縫的氣派。以往有很多名流紳士，都在這裡聚餐，甚至舉行結婚宴會。

Gaddi's 的貴氣，可以從它的價錢略知一二，當時半島侍應每月工資約一千多元，而在這裡吃一頓 4-course dinner 就承惠一千大元了。

血鴨

在 Gaddi's 大廳正中靠窗的位置，有一件鎮店之寶。它遠望像是一個十吋高的中國銀鼎，頂尖有一個呔盤。經酒店員工講解後，便知道它是 Gaddi's 開業時從法國訂製的

Gaddi's 的鎮店之寶：全銀血鴨器。

全銀血鴨器。血鴨器本身已經是世界上稀有的器具，加上它的歷史及價值，絕對是無價之寶。

血鴨是正宗法國菜之中非常高級及名貴的菜式，有四百多年歷史。光聽「血鴨」這個名字，我只覺得麻木不仁和冷血。驚嚇程度有如曾經瘋魔一時的廣東名菜「猴子腦」。然而，這道菜卻讓法國人引以為傲，甚至認為吃血鴨是一生必須吃一次方才無憾的人生大事。

製作這道法國美食的高級銀器已經盡顯豪華，選用的食材更是上乘之選。鴨必須是重三公斤的法國貴族鴨種 Challandais，其他鴨種一概不予考慮，法國人對食物要求之高已經不言而喻了。

製法是先把鴨胸燒烤，把骨及肉放進血鴨器以強力壓榨，鴨血便會徐徐流出，因此名為「血鴨」，英文名為 Pressed Duck，法文稱為 Canard à la presse。然後把鴨血混入鴨肉烹調，加上香料、干邑，表演出一個小火球後便可以上碟。用血鴨器壓血及整個烹調過程都是在食客席前即席炮製。製作血鴨的食材都是非常難得的，所以如今能夠提供血鴨菜式的餐廳都具有超然的地位。

多元化的西餐廳

雖然 Gaddi's 是名符其實的法國菜餐廳，但早期餐廳提供的菜式十分多元化，有意大利菜、俄羅斯菜以及中國菜。正好反映了當年半島的特殊地位：中西文化的交匯點。當年半島位於尖沙咀火車站旁，而且曾經是航空公司的售票櫃位。因此往來的差旅人士都是以半島為落腳點，餐廳經常被用作商人談生意的地方；不少政府官員，也都是在 Gaddi's 進餐，是當時殖民社會的縮影。於是，Gaddi's 配合來自主要國家的客人需要，在餐單上提供各項選擇。

當年一些航空公司票務部就設置在半島的大堂（照片由半島酒店提供）

下午茶

坐在半島雅緻的下午茶座，欣賞著大廳的天花及支柱上歐陸風格的雕刻，吃著三層高的傳統 tea set 食物，喫著英式伯爵茶。愛懷舊的人不妨合上雙眼幻想著港督、中東富商、荷李活影星坐在附近，享受著即場彈奏的輕怡又典雅的樂章，這便是六十年來半島下午茶不變的英倫情調。

tea set 的規格是分三層：底層是 scones，中層是 savouries，上層是 sweets。傳統的英國晚餐時間較晚，tea set 便成為午餐與晚餐之間的小吃，scones 是經典的英國茶點，鬆軟而重麵粉，絕對是飽肚之選。半島的 scones 是下午茶的重頭戲，每天由餅房新鮮製造，售完即止。中間是三文治等鹹點，最頂是蛋糕、巧克力等甜點。每件茶點都是一小口的分量，整個 tea set 充滿著不同的色彩和種類，令愛美又多心的女士們，遇上這個拼盤都會觸發起選擇困難症。同桌的閨蜜們先用上十數分鐘來欣賞和讚美整個 tea set，然後你推我讓的選擇美點，嘴巴一邊小口小口的吃，一邊談天説地，這是英國傳統貴族名媛消磨整個下午的最佳活動。

因此，流傳下來的下午茶供應時間都是午餐後至晚餐前的時段，不疾不徐，慢慢享受。

結語

能夠在半島採訪，非常感謝公關部門的 Carrie 協助，首先為我完成了人生十件必須完成的大事之一：在半島品嚐下午茶（而且不用排隊），同時，讓我穿梭酒店各間餐廳，訪問半島的元老員工 Johnny 及 Chesa 的經理 Eric，聽聽他們在半島的工作和各間餐廳的歷史。

半島酒店員工

半島的員工，以長情見稱，在酒店工作上十年八載的只能算是「新丁」，本書訪問了兩位元老級人馬，並帶我們回顧半島和香港的歷史。

名列前茅，必選半島

現時在酒店的瑞士餐廳 Chesa 擔任經理的 Eric，於一九七八年中學畢業後選擇投身酒店業，在職訓班以第一名畢業，順理成章，全港所有的酒店都任他挑選入職，半島卻成為他的不二之選，也是全班唯一獲半島聘請的人。

Eric 第一天上班是一九七九年七月十七日。「小時候每天坐巴士都經過半島，對於這座象牙大殿，酒店門外的大水池，充滿遐想，盼望有朝一日能夠入去看看。結果美夢成真，還在這裡進出三十多年，真是今生無憾了！」當時在香港並列五星級酒店的有香

成績名列前茅的 Eric，半島是他當年入行的首選。

港酒店、馬可孛羅、喜來登等，但半島始終是地位超然的。最初入職時，Eric 在 lobby 工作，從「嚫仔」做起，即是從侍應雜工開始，一做便做了五年半，工作是可以應付得來，但卻看不到工作的前景。於是 Eric 想過去外面闖一闖。當 Eric 提出辭職時，酒店的主管與 Eric 面談，真誠地問他為甚麼要離開，Eric 便坦誠回答說，是因為他想嘗試其他崗位的工作，不想一世都在 lobby。主管知道 Eric 是一位上進的員工，是酒店的寶貴資產，沒有理由輕易把他放走，於是主管便問他，如果能夠內部調動，他想到那裡？Eric 便回答說：「Gaddi's。」結果 Eric 亦欣然留下，在 Gaddi's 進一步發展其事業。

雖然同樣是做侍應，但能到 Gaddi's 工作，在半島員工心目中就是「升職」了！所以 Eric 在 Gaddi's 努力學習，一步步由幕後支援做到「埋枱」招待客人，用流利的英語介紹餐單，然後在大廳客席前做 second help，能夠在烹調車上，為客人做席上表演製作特色菜式，這一切令 Eric 充滿自信。後來他再分別調到 Verandah 和 Chelsa，憑著他的努力和能力，升任到今天經理的位置。

Eric 不斷稱讚半島是很好的僱主，充滿人情味，處處為員工著想，從來沒有嫌棄員工年紀大，面對逆境時亦願意與員工共渡時艱。Eric 記得二〇〇三年「非典」期間，全港經濟癱瘓，對酒店旅遊業打擊尤其嚴重。半島更是重災區，創下只有九間客房入住的谷底記錄，卻始終沒有因此而裁員。

Eric 還記得當時他在 Chelsa 工作，該餐廳由於沒有生意，決定關閉一個月，主管卻巧妙地安排他負責內部油漆，令他覺得有歸屬感又有安全感。訪問 Eric 那天，他指著入口附近的那道牆，自豪又欣慰地告訴我，那就是他與半島共渡患難的印記。

正所謂陰晴不定，經歷八十多年光景的半島也不例外。七八十年代是半島的全盛時期，也是香港經濟最繁榮的時期。Eric 說那個年代，很多日本旅客來港，他們特別鍾情半島；名流紳士、明星高官經常光顧半島的各間餐廳，星光熠熠，熱鬧非常。到了千禧年代，中國內地客成為香港旅遊業的主要對象，Eric 說有些暴發戶在餐廳要求三件法國鵝肝一同上碟，配以用自携手提水壺沖泡的、價值過萬元的國產蟲草水。不過，這種中法 fusion 食法，我則不懂欣賞，還感覺有點咋舌。

在充滿瑞士小鎮風情的 Chelsa 訪問 Eric，感覺就是到了他的小天地給他熱情的款待。Eric 還叮囑我下次再來酒店時，一定要探望他。半島的成功，實有賴 Eric 這樣誠懇有禮的員工。

活古董，無價寶

在半島採訪接觸到兩樣無價之寶。第一件是 Gaddi's 的血鴨器，另一件是在半島服務年資最長的員工之一：高級調酒師 Johnny。

第一眼見到 Johnny，彷彿遇到會説話的麥當勞叔叔，眼睛和嘴巴連成一個親切和藹的笑臉，從訪問開始到結束，他都保持著這一張臉。如果説半島造就了 Johnny 今天的成就，我會認為是 Johnny 令半島的酒吧多年來名聲大噪，成為新知舊友共聚的好地方。在酒吧與 Johnny 握手介紹後，他便問我們要喝甚麼飲品，當我正在躊躇著：「早餐還未消化完，怎也喝不下一啖酒精吧，推搪又不太禮貌……」支吾以對之際，Johnny 已經體貼地建議我喝一杯鮮榨果汁。這個建議立即令我的心開了！他確實是看透客人的心。

服務了半島大半生的 Johnny

酒吧的面積不大，酒吧枱以外大概只有六張枱，深啡色的皮座，感覺在鬧市中走進了一個幽靜的秘密小酒窖。在這裡 Johnny 細說他在半島的大半生。Johnny 的父親生前同樣在半島工作，一九五七年他的父親去世，Johnny 的媽媽便帶上 Johnny 去半島問人事部可否給 Johnny 一份工作幫忙養家。於是，十四歲的 Johnny 便從大堂餐廳的「細路」開始做起，後來調到酒吧當上實習生。

在餐廳要兼顧的雜務頗多，但在一間酒吧內，只有酒精和水杯，那麼當實習生有甚麼要幹呢？答案就是：「破冰。」Johnny 說：「以前香港的食用冰是一條一條送來的，一條三百磅，半條一百五十磅。我便負責把冰條錘成小冰粒，留待晚上瑞士籍的調酒師使用。」幾十年前，半島大部分主要崗位都是由外國人擔任，原因很簡單：因為酒店的西餐西茶，只有西人製法地道，本地華人當年還未學得上手。Johnny 說當年在職場上沒有正規的訓練及學習，只有偷偷學師。當時他在酒吧，一邊協助調酒師打理吧枱，一邊偷師。調酒師調酒時都是側側身，左遮右掩怕旁人學到他的甚麼似的。好學的 Johnny 便偷偷地看，在抹吧枱整理酒櫃時便把各式各樣的酒牢牢記著，一點一點地記錄出他的個人酒吧字典。

今時今日的 Johnny，英語對答流利，一大堆酒類名稱：Gin、Brandy、Whisky，沒有一個難到他。當年只是小學畢業的 Johnny 怎樣學得流利的英語呢？答案是讀報紙。當時，酒店安排了一位在拔萃書院教英文的外籍老師教員工英文。Johnny 説這位老師的教學方法非常簡單，他和幾位員工每天吃飯的時間在酒店的員工餐廳學習，老師便著他們讀英文報紙，每日讀一則，活學活用。學習語言，只要肯學肯説，不怕醜，不怕錯，最終一定能夠成功。Johnny 還告訴了我一個他的英語笑話，不過如今已經成為了一個有關兩位名人的小故事。

上世紀中期荷里活電影《亂世佳人》風靡全球，男主角奇勒基寶（Clark Gable）憑該部電影獲得奧斯卡最佳男主角，成為了萬人偶像。在一九六〇年左右的某一天，Johnny 在酒吧遇上這位世界級紅星。年輕的 Johnny 又驚又喜，到底如何好好招呼這位全球偶像呢？結果出現了以下的對話。

「Johnny:『Hello Sir, how are you? What would you like to drink tonight?』

「Clark:『Hi, can I have a screwdriver?』」

「Johnny:『Yes Sir.』」

已經略懂英語的 Johnny，從來沒有聽過酒吧客人要點選 Screwdriver，因此他毫不猶豫的認定 Clark 是要一個螺絲批。在服務至上的半島，滿足客人的要求是首要任務。所以 Johnny 立即致電工程部，拿了一個螺絲批，交給了 Clark。

「Johnny:『Sir, your screwdriver.』」

Clark 見到這件五金工具，失笑之餘，也和藹有禮地告訴 Johnny，他想要的 Screwdriver，是一杯用 Walker 加 orange juice 的 cocktail。雖然 Johnny 匯報給主管時還被主管責備，不過這個飲品卻因此在香港面世了。如今這件趣事已成為了半島和 Johnny 都大方傳頌的小故事。

一直工作表現卓越的 Johnny，在半島服務至今已經五十九年了。滿載人情味的僱主給予單身的 Johnny 最大的照顧，因應 Johnny 年紀漸長，生活習慣的改變，早已經把他調到不用接待客人的 service bar，每朝清早把鮮果搾成果汁，便完成他的工作了。所以能夠獲安排與 Johnny 見面傾談，實在難得。

結語

聽著半島的本地員工在說他們的半島故事，看著摸著舊照舊物，交叉在過去與現在的時空，在現今吵吵鬧鬧的香港，走進半島酒店，仍然可以摸著看著實實在在的舊物和半島的員工談笑風生，感受著他們因半島文化而流露的一股暖流和人情味，成為了沙漠中的一個綠洲。

典故篇

餐廳的由來

餐廳（restaurant）一詞是西方產物，跟歐洲的飲食宗師法國更有著密切關係。

有關餐廳的誕生，一個流傳已久而又具有説服力的説法是這樣的：法國大革命造就了餐廳。法國大革命發生的直接原因是一七八八年的旱災，導致糧食失收，民間出現大規模的饑荒，百姓苦不堪言。可是，皇室貴族卻繼續朱門酒肉臭，夜夜笙歌。

宮廷飲食講究精緻，路易十四更在凡爾賽宮舉辦廚藝大賽，得獎的廚師會獲頒一條藍帶，掛在頸上，向眾人顯示他出眾的廚藝，這個便是沿用至今，享譽全球飲食界最高殊榮「法國藍帶」（Le Cordon Bleu）的由來。當時皇室的盛宴除了美食，還會加上娛樂表演，沒有用上大半天的時間，這個宴會是不會結束的。不過，法國大革命後，皇室貴族們不是紛紛流亡，就是被推上斷頭台，替他們做飯的御廚也無事可幹，甚至流落街頭。為保生計，他們在無可奈何下，惟有開設街頭小食店，販賣以前他們為皇室貴族製作的食品，從而形成了餐廳的雛型。

今天的餐廳實源自法國大革命

（照片由梁偉基先生提供）

畢竟，皇室御廚對食物的要求比一般廚師要高，相比起當時只為果腹的公共大食堂，他們供應的食物較為美味，餐廳的環境佈局亦令人感覺舒服。他們把自己的拿手菜以表演的方式在客人面前慢慢烹調出來，每道菜式皆精雕細琢，儼如藝術品一樣，務求令客人的視覺及味覺都得到享受。漸漸地，這些餐廳成為了中產階級聚首的地方，即是現今的 fine dining，也是今天法國大餐的一大特色。

在香港的中式酒樓稱為 Chinese Restaurant，後來華人創辦的西餐廳都有中英文名字，中文一般是「XX 餐廳」，英文則是「XX Restaurant」，意思是指一間正統的食店，讓客人舒適的坐下來享用廚師精心炮製的菜式。

除了街頭餐廳外，在火車站或街角，亦出現一些 cafe 及 coffeehouse，為客人供應咖啡及一些輕食，更重要的是為客人提供一個可以小歇的地方。這些 cafe 及 coffeehouse 來到香港以後，就形成了本土的冰室或茶餐廳，為客人提供簡單的食物。後來，本地的冰室和茶餐廳把供應客人的食物編成不同時段的套餐，漸漸地，套餐便成為香港飲食文化特色之一。

不可不知的西餐禮儀

觀乎人類進食的用具，似乎只有兩類，那就是中國人用的筷子和非中國人用的刀叉匙。從這方面來説，作為中國人，應該值得驕傲。幾乎可以説，兩岸三地以外的遊客來港旅遊，要上酒樓吃地道的美食，第一件事便是學用筷子了！我還記得，我第一次到正統的高級法國餐廳吃西餐，看見自己的座位面前，擺滿了大大小小的刀叉匙和餐巾，玻璃杯都有幾隻，心情大概與外國人第一次拿起筷子望著眼前的眾多點心籠差不多，暗忖：怎麼辦……

餐巾

法國餐廳講究情調及排場，一頓晚餐可以吃上兩三個小時，如果沒有好好備課，隨時大出洋相。開胃菜、冷盤、熱湯、頭盤、主菜及甜品，中間配上香檳、紅酒、白酒和

桌上的每件餐具及酒杯都有特定的擺放位置及用途

吃西餐的禮儀可以從餐廳的佈局開始說起（照片由半島酒店提供）

甜酒。直至整個晚餐結束，才送上一杯熱咖啡，讓咖啡因喚醒客人，晚宴便結束了。

吃西餐的慣例是女士尊貴（Ladies' first），也是男士盡顯紳士風度的好場合。入座時，男士應該為女士拉出椅子端坐。即使有侍應招呼，男士亦應先讓女士安坐，然後才安然坐下。

餐巾通常都摺疊成一頂后冠放在面前的碟子上，所以是入坐後首先要處理的餐具。最初餐巾的隱藏作用，是給女性的用餐者（特別是指接待餐宴的女主人）與侍應溝通的暗號。當女主人打開餐巾，平放膝頭上，即表示可以開始用餐，侍應便會通傳上菜。如果想表示面前的餐盤可以收走或者整個餐宴完畢，便把餐巾輕輕放在桌上的餐盤左旁，但切記不要把餐巾揉成一團。

不管你吃的是牛柳或是龍蝦，千萬記住，不要把餐巾當作口水肩，也不要把它當成家中的面巾，要抹咀的時候，拿起餐巾角輕揩咀上的油漬便好了。

餐具

當面對眼前儼如藝術品的精美餐具，當然很有衝動拿起來鑑賞一下。不過，餐具是用餐的工具，絕對不要把玩，更不要揮舞刀叉，不但危險也相當失禮。與別人對談時，先把嘴裡的食物吞下才張開口。

西餐的刀叉匙和酒杯，不同的大小型狀有不同的用途。飲湯用肥頭潤口匙，吃飯用尖頭匙。鋸牛扒的刀尖頭有利鋸齒，甜品的叉則較細小。理論上，侍應會因應客人吃的東西而把相對應的餐具排好。給讀者最容易記住的使用心法是：由外而內使用餐具，英文就是「always eat outside in」。

吃下午茶的禮儀

吃下午茶本身有特別的禮儀。英式下午茶基本上是不需要使用刀叉，只需要用兩三隻手指拿起食物小口小口的吃，除了吃 scones 會用刀塗牛油，千萬不要用刀叉切三文治啊！三層的下午茶架的次序是：先吃中間的三文治和鹹點，再吃底層的 scones ，最後才吃高層的甜點。下午茶飲的是英式紅茶，其中伯爵茶較受歡迎，加糖加奶任君選擇。茶壺、茶隔和茶杯會同時送上，由客人自沖自飲，沖茶時先把茶隔放在茶杯上，目的是把茶壺的茶葉隔走，如果要在茶壺加水，不要學上中式酒樓把茶壺蓋打開，只要溫柔地向侍應招手，輕輕示意便可。更不要高呼：「服務員……」

吃下午茶是閨蜜們的優雅聚會，禮儀要求較正統宴會寬鬆，但也不要聲浪過大，拍枱拍欖啊！

分餐

雖然說西餐是不會分享食物，但這個說法未免以偏蓋全。法國菜一般是具觀賞成分的精緻菜式，分量小巧，各吃各的，然後主人家通常會禮貌地問一下菜式味道如何，但記住這句話只是禮貌上的提問，即使味道不合胃口，也不要在席間大肆批評。吃正宗的意大利菜，是分享菜式的。想一想去薄餅店吃薄餅的情景？它的一個特色是在沙律吧玩堆沙式的沙律，然後與大家一同分享。因為傳統的意大利普遍是大家庭，家中的媽媽會煮幾道家常菜，例如麵包、薄餅和意粉，然後用一個盛器載上，一個傳一個地分享。

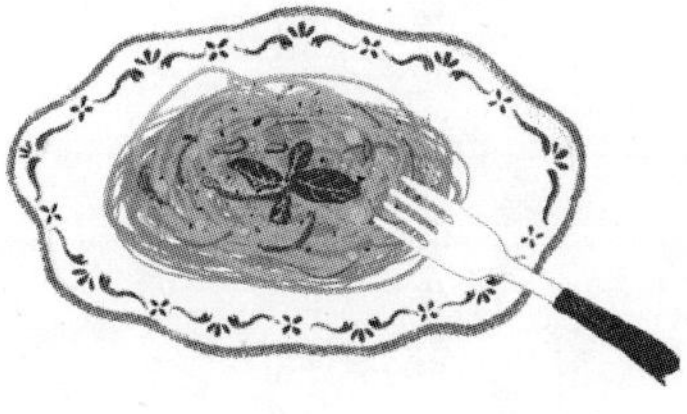

西餐真的文明嗎？

現代的外國人經常批評甚至恥笑中國人吃得不夠文明，譏諷中國人啜雞腳子，吃內臟，總之四腳朝天的都可以吃，有欠大體。其實，洋人們，你們又是否肯定你們的先賢們吃得很文明呢？

鵝肝

舉世聞名的法國鵝肝，法語是 foie gras，意思是脂肪肝，當中以肥厚油潤的為之極品。製作鵝肝的過程是用強迫餵食的方式，令鵝肝變得肥大，然後取得新鮮鵝肝。由於製作成本昂貴，鵝肝成為了上等食材。另一方面，動物保護組織的人卻認為，這種強迫及過度餵飼的方式等同對鵝的殘忍虐待，於是發起拒吃鵝肝的運動。現時鵝肝在美國加州禁止售賣及食用，在印度則禁止進口。不過，鵝肝至今仍然是高級餐廳的上等菜式。

田螺

法國田螺是歐洲平民的食物，已有數百年歷史。田螺即是蝸牛，在田野、叢林拚拾皆是，樣貌怪相又沒有味道，只是平民賤價買來充飢的填肚之物。曾任拿破崙外交大臣的主廚Marie-Antoine Careme，其經典之作除了酒燜野兔（這又夠文明嗎？），還有把法國田螺混合牛油、香蒜、羅勒烤焗，令蝸牛散發香草芳香。這些泥土上的小生物，頓時成為了高級餐廳的恩物。

內臟

英國有一位廚師叫Fergus Henderson，他撰寫了一本書分享如何把豬隻各個部位入饌，其中包括豬的各個內臟。這位西方廚師更主張既然人類是吃動物的動物，便應該認清自身，把被屠宰的動物，裡裡外外都吃掉，才算得上是對被屠宰動物的尊重。

看罷了，只能說古今中外，不論國籍，大抵也離不開弱肉強食的生物本能。要爭辯是吃得有「文化」還是吃得「文明」，都只是觀點與角度，沒啥真理可言。

洋人十分喜歡吃的法式焗田螺
（照片由梁偉基先生提供）

下午茶

歷史上中國的茶葉，是不少國家追捧的商品。早年正值荷蘭及葡萄牙展開了與中國的貿易，茶葉，特別是紅茶因而進入了歐洲市場。後來，一位十分喜歡飲茶的西班牙公主 Catherise of Aragon 嫁到英國，成為英國的新皇后，她的嫁妝便有中國紅茶。

這位新皇后婚後繼續她的愛茶習慣，並用以招待貴族，令茶葉飛上枝頭變鳳凰，成為英國貴族與上流階層的珍品。英國從中國海量地輸入紅茶，令人誤以為紅茶來自英國。

皇室貴族的 tea party

十九世紀初的英國，當時晚餐時間大概在八時左右，午餐過後，相隔晚餐時間頗長。英國的約克公爵夫人 Anna Bedford 似乎難抵兩餐之間的空腹感，便著僕人拿一壺

三層高的傳統英式下午茶，色彩繽紛、種類繁多。

茶和一些小糕點，躲在自己房間的小梳化和茶几進食。這個安排令公爵夫人十分滿意，她更邀請其他貴族女士們加入。她們在午餐過後，聚首公爵夫人的房間內喝茶，風花雪月，消磨一個下午。這些貴族女士們的午間小聚便成為了英國上流社會貴婦的下午活動，每個 afternoon 都要來一個 tea party。由於她們都是坐在梳化和茶几俯身進食，所以又稱為 low tea 或 afternoon tea。

勞動階層的 high tea

在英國北部及愛爾蘭南部的工人們，卻為了節儉而發明了 high tea。

那些從事勞動工作的工人們每天營營役役，由天光敲敲打打、搬搬抬抬，做到天黑，回家已五六時多，勞動了一天，肚子已經餓得要命，那裡還能等到八時才吃晚餐呢？這些家庭遂提早用餐，通常是一壺茶，配上蔬菜、薯仔、肉類等飽肚食物。這樣便能一餐當兩餐吃，既省錢又能醫肚，久而久之，就成為了英國勞動階層的 high tea 了。

香港人的下午茶

英國人管治香港的時候，他們把自己的下午茶習慣帶到這個殖民地。這股下午茶之風，首先沾染到華藉的官紳名流，他們跟上洋人去酒店或高級餐廳享受一番。繼而到華人公務員、洋行買辦，甚至工人階級亦有樣學樣，在碼頭喝紅茶、吃西式麵包，於是各式各樣的下午茶便興起了。

下午茶之所以在香港普遍起來，卻是與悲嗆的淪陷歲月密切相關。一九四一年日本發動太平洋戰爭，香港朝不保夕，不久為日軍佔領。淪陷期間，洋人走的走，躲的躲，或是被日軍關進集中營，那些高級餐廳和酒店為保生計，便放下身段向華人招手，那些一心抱著今朝有酒今朝醉心態的華人，便是在這時開始進入高檔的西餐廳吃下午茶。

一九四九年，中國政權易手，一批又一批中國人南下香港，其中包括很多上海人，他們是中國最洋化的一群，在上海都習慣了喝西茶、跳Cha Cha。事實上，當時很多中國人來到香港都是投靠親戚的，注重面子的上海人又不好意思賦閒在家，一方面想找朋友介紹工作，另一方面想打聽一下在港親友的住處或消息。在西餐廳點一杯飲品可以坐上一個下午，於是西餐廳便成為了這些落難海派的聚腳地。下午茶從此成為了香港人談生意或者是互通消息的熱門地方之一。

英式奶茶

早年英國貴族每天享用的茶具，都是手工精緻但易碎的瓷器。這些瓷器大部分都是從中國進口，所以英國人乾脆把瓷器稱為China。這些彩釉器具都是巧奪天工，極具觀賞價值。可是，用今天的術語講，就是「好睇唔好用」，因為它質地太薄，承受不了碰撞，遇上熱水甚至令杯子破裂。奶茶就是在這種愛恨交纏的情況下，混混撞撞的誕生了。

相傳創出下午茶的英國約克公爵夫人Anna Bedford有一套她珍而重之的下午茶瓷具，為免這套瓷具的茶杯抵受不了過熱的紅茶，她左思右想。碰巧當時茶與奶混合的獨特喝茶方法，又剛從西藏、印度傳入西方，公爵夫人便想到這個方法能令飲料降溫。於是，她嘗試先把鮮奶放入茶杯內，然後再加入熱茶。誰知這個飲茶方法，既能使熱茶降溫，有效避免茶杯破裂之餘，又能享用這種味道一流的新式飲料。從此，這杯「有奶的茶」(tea with milk)便正式登堂入室了。

也有另一個說法是，她不喜歡聽醫生的勸告飲牛奶，於是醫生想到把這兩者混合成新飲料，令她容易接受牛奶。

沖泡英式奶茶的整套茶具

火焰雪山

火焰雪山（Baked Alaska）向來是高級西餐廳的甜品代表。亭亭玉立的雪山上佈滿風暴過後的烙印，充滿隱秘的感覺。事實上，它不過是一客焦糖脆皮的雪糕蛋糕，它的隱秘無非是來自它一個流傳已久的成名故事。

話說在一八六七年，美國國務卿 William Seward 用了天價的七百二十萬美元向俄羅斯買下了冰天雪地的北極 Alaska（阿拉斯加）。當時的阿拉斯加只是一片荒涼的冰地，俄羅斯以為自己賺了一筆大錢，誰知更高明的美國，其實是看中了該片冰地地底的寶藏，包括油田、天然氣和金礦。為了慶祝這件大事，國務卿回到美國舉行國宴慶祝。他們選擇了紐約的頂級餐廳 Delmonico's，主廚 Charles Ranhofer 當然要為這樁美事贈慶，於是便製作了取名為 Alaska Florida 的甜品。他把海綿蛋糕做成金字塔型，挖空蛋糕中心然後填進了雪糕，在蛋糕的外面佈滿蛋白霜，再加上燒火槍做成的局部燒焦的顏色，令這個甜品更有看頭。

極具視覺效果的火焰雪山
（照片由梁偉基先生提供）

後來，這道甜品流傳下去，在香港的高級西餐廳更演變成一項表演節目。廚師會在昏暗的客人席前，把雪白的冰山淋上威士忌酒，點火燃燒出焦糖脆皮，讓酒精與火焰產生的藍白光漫延全個蛋糕表面，引領客人幻想置身大自然觀看北極光。

凱撒沙律

現今在一般西餐廳吃一個套餐，很多時都會提供凱撒沙律（Caesar Salad）作為開胃前菜的選擇。這是由切成碎片的羅馬生菜，配以混雜了芝士碎片和蛋醬、忌廉的沙律汁而製成的沙律菜。這道菜的名字，聽起來以為與古羅馬的凱撒大帝有關，追查下去才知道兩者實情是風馬牛不相及。更難想像的是，這道毫不起眼的前菜，原來曾經備受明星爭相「朝聖」。

其實這道菜是取名自它的發明者意大利人凱撒（Caesar Cardini）。第一次世界大戰結束後，大批意大利人被迫離開家園。凱撒和弟弟移居到美國，並開設意大利餐廳謀生。不巧二人到美國時，美國實施了禁酒令，令餐廳生意不振，愛嗜酒的美國人紛紛跑到沒有禁酒令的鄰國墨西哥一解思酒之苦。於是凱撒亦移師到墨西哥邊境開店，名字叫做Caesar's，果然客人如鯽，生意絡繹不絕。

後來，他們遇上一個難題令凱撒餐廳一舉成名。一九二四年美國獨立紀念日的假

凱撒沙律原來跟偉大的凱撒大帝完全拉不上關係（照片由林嘉雯小姐提供）

期，光臨Caesar's的捧場客人遠超預期。誰知當天餐廳卻食材不足，為免顧客向隅，凱撒靈機一觸，決定把廚房快用光的羅馬生菜切成碎片，加上由雞蛋、芝士湊合起來混成一款自創的醬汁，並向在場顧客宣佈，要即席到每枱顧客面前做一客特色的沙律，立時引起了一陣熱烈的氣氛。於是他把小餐車推到客人面前，把雞蛋和芝士弄成醬汁，然後盛上羅馬生菜的小葉莖上，成為了可以拿上手吃的特色沙律：凱撒沙律。這個做法不但化危為機，更帶來了意想不到的收穫。這道即席製作的沙律，不論是味道還是綽頭，客人們都非常受落。隨後這道沙律便風靡歐美，美國的明星們、歐洲的權貴們紛紛追捧。

大概二十年後，凱撒更與女兒發展醬料製造公司，把凱撒沙律的醬汁配方製成樽裝銷售，所以今天我們也可以在家裡做凱撒沙律了。

威靈頓牛柳

選用牛隻最嫩滑及名貴的菲力牛柳，配以鵝肝醬、磨茹，用酥皮烤焗，便是威靈頓牛柳（Beef Wellington），這道菜是高級西餐廳的標記。至於這道名菜的由來，相信知道的人並不多。

話說法國早年有一道名為 filet de boeuf encroûte 的名菜，食材和製法與英國的威靈頓牛柳差不多。後來這道菜被視為英國國菜，令法國深深不忿。

一八一五年，英國著名軍事家威靈頓（Andrew Wellesley Wellington）在滑

證明大廚的功力，製作不容有失的威靈頓牛柳。

鐵盧戰役打敗了拿破崙而聲名大噪，後來更被封為公爵。不過對於美食，威靈頓公爵並不在行，廚師便為他效勞，把他最喜歡的食物放在一起做出這道菜，結果威靈頓相當受落，以後幾乎成為他指定的食物，因而命名為威靈頓牛柳。也有說法是這道菜的長型烤焗酥皮的小腿狀外型與威靈頓戰靴的外型相似，因而得名。

這道菜在西餐廳大行其道，則始於美國總統尼克遜。他出訪英國時嚐了這道菜，讚不絕口，令食家們躍躍欲試，於是這道菜在英國、美國流行起來，並成為了高級餐廳或自家宴客的重要菜式。

威靈頓牛柳的做法，是在牛柳、酥皮之間加上一道配菜，包好後放進焗爐烤焗。其烹調的難度在於廚師需要憑經驗及實力去判斷烹調時間，令牛柳達到顧客所要求的肉質口感。由於烹調時牛柳已經被酥皮完全包裹，只有在整個烤焗過程結束後，廚師把完成品切開，才知道是否達到原本的烹調要求。簡言之，這就是「一次定生死」。加上這道菜選用的都是昂貴的高級牛柳，更加不容有失。因此，如果有信心提供這道菜式的餐廳，其食物應該具有一定的水準。

食譜篇

火焰雪山

材料：

圓形清蛋糕一個、雪糕兩至三球、蛋白四隻、糖六十克、冧酒三十毫升。

製法：

一、用電動搞拌棒把蛋白打至略企身，再分兩次將糖加入蛋白，再把蛋白霜攪至企身，不會掉落或成液態狀，備用。

二、將圓形清蛋糕橫切成三等份，只要上下兩份。上面一份再分左右兩份。

三、把下面一份蛋糕放在玻璃碟上，然後置中放上雪糕。再把上面兩份蛋糕包圍雪糕的旁邊，輕輕向內壓實。

四、把蛋白霜鋪上，完全覆蓋著雪糕及蛋糕，成一座山的形狀。

五、把酒倒入盛器再點火，隨即倒在火焰雪山的表面，待火熄滅後，山的表面似燒焦。

秘技：

雪糕必須要堅硬，方容易成形。另外，先把冧酒倒入盛器再點火，然後淋上蛋糕面，不會令蛋糕太濕，影響味道。

Chinese-Western Cuisine

02

華人西餐

引子

豉油西餐的來歷

香港開埠後成為自由港，除了管治的英國人，還有美、德、法、俄等國做生意的外國人陸續來到香港，希望在這個港口分一杯羹。

雖然華人佔當時香港總人口百分之九十五以上，洋人卻高高在上，享有優越的身份與地位，令社會上存在著「洋尊華卑」的現象。對此，華人固然心懷不滿，卻又仰慕西方文化。於是，西方文化逐漸在華人社會中流行，華人開始學英語、吃西餐。當洋人的會所把華人拒之門外，部分富有的華人便自組會所聯誼，甚至開設西餐廳招待華人。這種華人汲取西方文化的例子還有上海及廣州。

早年俄羅斯菜在上海法租界十分流行，除了正宗的俄羅斯菜，上海華人也吸收了俄羅斯菜的特色，自己開設西餐廳，造就了上海華人西餐的特色。羅宋湯和俄羅斯牛柳都是香港人熟悉的俄羅斯菜。廣州有一位曾任職外國領事館的華人廚師自己創業，在街角開設食店為華人供應廉價的西餐。為了配合華人口味，他以廣東人常用的豉油入饌，結果食客非常受落，他的檔口亦由街角搬到正式的店舖。這位廚師便是太平館創辦人徐老高先生。二十世紀中葉，中國爆發內戰，為逃避戰火，不少上海及廣州的中國人逃到香港，紛紛開設俄羅斯西餐廳及豉油西餐廳，形成了香港華人西餐的雛形。著名的俄羅斯西餐廳有車厘哥夫、皇后，豉油西餐廳則有金雀、飛鷹、新廣南等。其中豉油西餐這個稱呼最能夠表達出這是有中國特色的西餐。

香港的豉油西餐橫跨五十至七十年代，既有西餐元素又注入了本地廚師的創意，稱得上是香港第一代 fusion 菜。

訪問篇

森美餐廳

森美是由人稱「汁神」的葉聯先生一手創辦。一九四九年，只有十五歲的他從家鄉惠東來到香港。當時生活艱難，葉生形容「搵到份工有如中條六合彩」。幸而，他也中了「六合彩」，經朋友介紹到淺水灣酒店工作，憑藉他對每項工作的認真及努力，備受賞識，由一句英語都不懂，一步步學習，成為香港華人西餐界的「汁神」。

在花園與大廚結緣

在生活條件匱乏的情況下，要生存，就要把握機會。葉生在酒店的第一份工作是「通天」，即是手拿掃帚，在酒店花園掃樹葉。即使是掃樹葉，他也把工作做到一絲不苟，令花園變得乾淨整潔，讓人賞心悅目。某一天，在酒店西餐廳工作的法國藉「廚

席前表演所用的材料及用具

年輕的葉聯先生在席前大顯身手

鬼」[1]剛巧在花園散步，因而遇上葉生，並欣賞他的工作態度，於是請他到餐廳工作。

熟識餐飲業的朋友應該也猜到，葉生在餐廳的第一個崗位，肯定是「下欄」工作，不過他也做得非常認真。當時葉生的工作是清潔廚房的每個煲，西餐食物重視醬汁，而煲就是熬製醬汁必須且非常重要的工具。不過，以前的烹調工具較為簡單，沒有易潔的煲和鑊，清潔工具也很簡陋，只有沙皂（含沙粉的肥皂）和「鮑魚擦」，而且熬製醬汁容易燒焦煲底，清洗一個煲要先用水浸幾個小時，再猛力洗擦，甚至要用刀刮走污漬。葉生卻認真地把每個煲洗得光潔如新，因此甚得「廚鬼」歡心，成功晉升為廚房「打汁部」學徒。

西餐每個工序都分得很仔細，「打汁」即是把濃湯或醬汁從原有食材變成液體，並成為食物味道的重要來源。「打汁」的汁底是精華所在，據葉生說，汁底是用兩三隻鷄及牛骨等食材，先烤香，再熬過夜，隔水成為精華而成，是用來作為各式湯汁的基礎，製

1「廚鬼」是指任大廚的洋人，以前華人喜歡把洋人謔稱「鬼佬」，當時意思上帶有貶意，但時而勢易，這個用詞也只代表一個通俗說法而已。

作工夫多且是所有菜式的靈魂。直至今天，森美仍然堅持這種原汁原味的做法，比起很多西餐廳「靠師傅食糊」2認真得多。

認真工作也認真學習

葉生在淺水灣酒店工作了五六年，一點點地接觸西餐行業，逐漸對這行業產生了興趣，惟獨語言是他工作上最大的障礙。工作時，葉生都是靠英語翻譯員溝通，正所謂「長貧難顧」，要發展便得把障礙掃除，因此葉生決心學習英語。由於酒店工作繁忙，「有返工冇收工」，完全沒有時間進修，他便轉職到大埔道的華爾登酒店，以為有兩個小時落場時間學習英語，但該酒店一樣「旺場」，雖然人工高，但為求騰出時間進修，葉生惟有離職。

2「靠師傅食糊」是行內人形容菜式都是用味精調味而不是真材實料。「師傅」是食品製作行業的暗語，實際上是指令食物更美味或美觀的味精及各種化學添加料。

後來他轉到尖沙咀的南宮酒店工作，可是當時餐廳的廚房已沒有空缺，只剩下比原來人工少九成的樓面侍應。因為目標明確又沒有家庭負擔，他便決定接受安排。每月人工由四百五十元變成四十元，其中三十元交了學費，餘下十元是伙食費，其他生活費便靠每週發放一次的、不定額的服務小費，生意好時可以增加幾元收入。歷時四年的刻苦生活，換來的是伴隨他終身的英語能力。

葉生完成英語學業便重投他喜歡的西餐業發展。他沒有急功近利，反而深明語言是要運用的。於是他去帝國酒店當管房，他看中其工作可以單獨跟住客溝通，名乎其實是學以致用。接下來的幾個崗位他都是在高級酒店的餐廳及管房部工作，只要有學習機會，他便爭取，這種認真態度便是他的成功之道。後來，葉生得悉在告羅士打酒店的餐廳大廚，每天都會向樓面侍應教授西餐知識，以提升服務水準，於是吸引了好學的葉生加入。

青出於藍而勝於藍

年輕的葉生幹勁十足，大廚每天半小時的教授時間，他比其他同事更專心，能夠舉一反三，領悟到製作西餐必須要靈活變通，方能做出千變萬化的美食。不說不知，葉生說忌廉湯就有幾百種，加雞粒的一個名稱，加青豆的另一個名稱。葉生透露，今天森美的餐牌，是憑著他過去累積的經驗，去蕪存菁，集百家之大成。葉生曾在高級酒店任職十多年，不知不覺之間裝備了自己，既熟悉高級西餐的烹調技巧，而且英語流利及能夠掌握客人的口味，算是萬事俱備，只待東風把他吹得更高更遠。

這股東風，終於在一九七〇年吹至。其時葉生在帝國酒店任職，剛巧遇上勞資糾紛，葉生為免左右做人難，加上他當老闆的心蠢蠢欲動，於是決定把握機會，放棄「打工仔」生涯，籌備他的第一間西餐廳！

別以為當老闆很輕鬆，卻是比打工辛苦百倍，葉生和幾位拍檔從上午八時做到午夜十二時，但可以圓老闆夢，把多年所學實踐出來，葉生也很有滿足感。

森美開業後在西報刊登廣告，招徠洋人顧客。

森美兼營西餐到會，招徠了一群洋人熟客。

森美見證了華洋關係的變遷，從以往吃西餐只是洋人的「玩意」，發展至後來洋人、華人同枱享用西餐。

葉生的第一間餐廳位於西環正街，雖然那裡屬於西環中心點，可是當時吃西餐卻不如現在普遍，那裡最多的反而是冰室，但他卻在那裡開設正宗的高級西餐廳，花費大筆資金購置日本製造的刀叉，訂製名貴的玻璃杯，就是餐廳的裝潢格局，都是一絲不苟。他的朋友都說他這個決定很大膽。幸而，這個膽子是他憑著獨到的眼光練出來的。

當餐廳開業時，拍檔們一致同意使用葉生的洋名 Sammy 作為餐廳名字，希望名字易記，能夠吸引客人注意。果然，餐廳開業後其門如市，附近又是裁判處，吸引了不少法官和律師光顧，加上葉生在幾間高級酒店的餐廳打滾多年，所以有不少熟客專誠來捧場，令餐廳生意興隆。

立法局「御廚」

後來，葉生獲時任立法局官守議員兼大律師、美食家張傲偉引薦，在立法局提供西餐服務。當時不少政府官員及立法局議員都是洋人，為他們提供西餐服務，雖然利潤微薄，但令森美的知名度大大提升。葉生每事都親力親為，加上服務水準一流，這個立法局「御廚」一當便是二十多年了。葉生笑言，他從麥理浩年代開始服務立法局，直至末代港督彭定康離開、香港回歸為止。隨著立法局內吃西餐的人士逐漸減少，吃中餐的人士開始增多，森美便淡出了立法局。

聞名海外

由於森美的食物水準上盛，是正宗西餐的用料及烹調方法，吸引很多洋人捧場。有一次，某位英國歌星來港表演，對森美的西餐讚不絕口，更推薦葉生接受傳媒訪問，因此森美獲得「the glory of western district」的美譽。

「招牌牛」的故事

許多人說森美的「招牌牛」最出名，這隻牛實際上是指高掛在餐廳外牆的外型是牛的霓虹招牌。話說四十年前森美受業主加租的壓力，從正街搬到現址。有生意頭腦的葉生便想出奇制勝，改變傳統的招牌設計，親自設計了一隻安格斯牛的牛型招牌，以「靚牛扒」招徠客人。

葉生依據手續拿到政府批文後把「招牌牛」掛上餐廳外牆，令森美添上光彩之餘，更成為香港向國際展示霓虹招牌特色的代表之作。

不過，幾年前屋宇署要求葉生拆除「招牌牛」，他據理力爭不果，惟有想辦法令「招牌牛」

「招牌牛」不僅是森美的標誌，也是香港人的集體回憶。

有好歸宿。曾有人向葉生提出收購「招牌牛」，但葉生志不在此，而且「招牌牛」已經不是葉生的生財工具，而是他的命根，千金難買，他也不會為千金而賣。最後葉生拍板，把「招牌牛」贈予西九龍藝術館日後作公開展覽。葉生很高興地說：「他們正在建一間房來安放我這隻牛。」「招牌牛」找到好歸宿，他也心安理得。當年「招牌牛」造價三萬元，葉生說當時這個價錢可以在高街買一套房子。不過今天它已經是無價之寶。

結語

年屆八十歲的葉生已經把餐廳交予其子女打理，兒子擔任主廚，女兒管理日常運作，不變的是，仍然堅持食物質素，人情味如故，令新舊客人往來如鯽。葉生則每天來餐廳看看，和員工、顧客談天說地，與森美好好過著每一天。

沒有「招牌牛」的森美

雖然沒有「招牌牛」，晚上的森美仍然是光彩奪目。（照片由梁偉基先生提供）

即使退下火線，葉聯先生每天仍回森美看看。

樂意扒房

當讀者看到這篇訪問的時候，位於灣仔馬來西亞大廈的樂意已經成為歷史了，因為它在業主加租壓力下被迫結業。一手帶領樂意的楊氏三子最捨不得的是這個經營了三十多年的地方，以及人和事。

扒房興衰

以前的人，如果有能力去扒房鋸扒，實屬一件大事，代表其西化的身份。樂意這個高檔次的名字，曾經是用以隆重慶祝歡送的氣派之地，後來經歷了香港經濟低迷，市民消費力下降，就在這個時候，扒房漸漸受人冷落。

楊生（William）笑說：「《中英聯合聲明》後，熟客們紛紛移民，英軍、灣仔警察總部的高官紛紛返回家鄉的時候，扒房經常爆滿。一九九七年後，當大家在這裡 farewell

過後便轉吃中餐了。」在「非典」、金融風暴期間，最差的情況是，全晚只有四位客人，可說是賠本生意。

樂意的生意狀況實際上是香港政局變遷及經濟盛衰的真實寫照。

樂意的誕生

一九四九年後，隨著中國政權易手，很多上海西餐廳師傅前來香港，楊生的手藝便是承傳自上海師傅的。年輕時，家住港島的楊生在灣仔一帶工作，從送外賣、酒店接門生開始，後來得以進入餐廳在廚房學師，最初只是「洗大餅」[1]、通坑渠，後來開始接觸食材，也只是削薯仔而已。學師也沒有甚麼正規的訓練，只是俏俏地觀察師傅的手藝，如何拿刀，如何切食物，要學習就要比師傅更早上班，更晚下班，爭取機會協助師

1「洗大餅」即清洗餐廳的杯碟及煮食工具。西餐廳大多數以大小不一的碟盛菜，貌似坊間俗稱「大餅」的各種流通的硬幣，故行內人笑稱「洗大餅」。

樂意堅持典型的傳統餐廳佈局：格仔枱布、餐巾、刀叉。

餐廳設有酒吧，以迎合水兵的時尚喜好。

傳，從而獲師傳傳授一招半式。和大部分飲食界從業員一樣，楊生入行的原因是他認為「近廚得食」，在以前經濟艱難的年代，這確是時代寫照。

楊生感嘆今時今日社會富足，年輕人沒有求學的動機，又怕辛苦，師傅們求教卻沒有人願意入行求學。

當楊生慢慢學有所成的時候，卻遇上他的老闆以生意疲弱為由想把餐廳結束，楊生便決定和哥哥接手經營。血氣方剛的他們，初嘗當老闆的滋味，心想自己接手生意，必定有一番作為。誰知剛開始，餐廳便困難重重。首先，以前的灣仔是水兵上岸的地方，屬於香港的紅燈區，附近都是夜總會和酒吧，是本地人避之則吉，水兵卻流連忘返之地。在那裡經營西餐廳，有水兵上岸便有點生意，否則要站得住腳，始終要想想辦法。

當他們接手後便想盡辦法做宣傳，在銀行公會、會計師公會、律師會等專業人士團體的會員通訊刊登廣告，效果卻不明顯。餐廳長期每晚只有十多位客人，生意冷清，他們兄弟沒有支薪之餘，向銀行借貸的款項又已經用畢。在無計可施下，哥哥透過朋友認識到當時還未走紅的陳百強，邀請他在黃昏到餐廳的酒吧現場演奏鋼琴，希望留住來

happy hour 的客人直到晚上用膳，增加消費。接著，他們又與信用咭公司推出用膳大抽獎，獎品包括來回泰國機票、賓得照相機等。這一招果然有效，不過，三個月的推廣期過後，生意又再水靜鵝飛。

然而，他們憑藉永不放棄的精神，繼續努力。在餐廳打烊後，楊生及其三哥便到半山豪宅區派宣傳單張，不斷尋找商機。一九七四年正值美國建國二百週年，他們便聯絡美國領事館，看看有沒有合作機會。因為他們做了充足的資料搜集，成功說服了領事館。自此，餐廳的生意漸有起色。後來，他們認識了一些洋人醫生及會計師，漸漸凝聚了一群熟客，更因此獲得一些大生意，例如包場舉行聖誕派對、公司週年派對等。楊生說這些生意得來不易，都是有血有汗。「難關一關又一關的過，由公司斗零都沒有，然後還清所有債務，生意步入正軌，真的很開心！」可惜好景不常，一九八〇年樂意所在的大廈要清拆，結果搬遷到中環告士打道經營了三年，又因為業主大幅加租而要再搬遷。後來又回到灣仔的馬來西亞大廈，一做便是三十年了。

幸而一路走來，樂意已有一群熟客，而且食物水準高，用正宗進口食材，尤其是正宗的美國安格斯牛扒，吸引不少水兵及在港的洋人警官光顧。楊生更在餐廳門口設置了一張專供他們放置帽子的木枱，令他們十分窩心。他們便以禮相待，送上絕無僅有的紀念盾牌。每個盾牌都刻有軍艦的名字，一個個高高地掛在餐廳的橫樑，成為樂意的一大特色。

吃西餐的人

以前西餐食材都是進口的，所以吃西餐的確是高消費活動。楊生說他年輕時，在半島酒店喝一杯可樂要六元，但當時一般市民的日薪才三元，不像現在「要吃乜就有乜」。因此，在餐廳吃一頓西餐便成為一些家庭獎勵孩子的獎品之一，所以很多餐廳便順勢推出香蕉船2或兒童餐3作招徠，吸引父母為孩子消費。

2 香蕉船其實是雪糕球配上啫喱及罐頭雜果，用香蕉型的透明玻璃盛器奉上，有時上面更加上一枝小紙傘或旗仔，似一隻盛滿貨物的船。所以小孩子愛看又愛吃。

3 兒童餐通常包括漢堡包、可樂及炸薯條，可說是兒童恩物。

從昔日光顧的水兵贈予的艦徽，證明樂意在客人心目中的地位。

在門口給水兵及洋人警官放帽子的木架，一九九七年回歸後已用作工作枱。

真正的西餐食材

楊生說樂意供應的都是高質素食材，說罷，他叫我張開手掌，他便隨手拿起餐枱上的食鹽樽的鹽倒給我，他說這是價值過百元一斤的 real salt，這些鹽夾雜著真正的鐵銹，名乎其實是礦物鹽，比起一般的漂白鹽是兩碼子的味道。接著，楊生又解釋說，要找到優質的食材，首先是自己要有信譽，並與有信譽的供應商合作。因為好的食材其實要向農場訂貨的，同時要按農場的生產，一批批地估算收成期，然後才計劃餐單。

他接著說：「西餐的靈魂其實都是一些重要但不起眼，但在整個菜式中帶有重要作用的食材。例如香草，有翻版也有正版，真正好的香草，在優質的草園種植，土壤一流。大陸也有香草，外貌相同，但大多卻完全無香味。我們用的是正版高級食油，衛生幫說我們信譽好，基本上一年只需來一次（檢查）。」

曾有某位客人投訴他們的牛扒價錢太貴，後來這位客人卻對楊生陪不是，說：「我到超級市場看過牛扒的價錢和你的扒房差不多，而且仲要自己煮和洗碗，你們供應的是優

花膠牛柳餐，又是一道經典 fusion 菜。

質牛扒，而且味道又好，我現在真是心服口服。」連美國領事館都來參加樂意的扒房慶祝活動，足以證明其信譽與地位。

老而彌堅的烹調器具

走進樂意的廚房，楊生逐一介紹他的生財工具，都是有趣的古董。因為樂意供應西方不同國家的特色菜式，所以用具也不一樣。楊生展示了幾個他在幾十年前自己製作pizza時的工具，這是他於一九六三年從一位製作pizza的師傅那裡偷偷學來的，他更相信樂意是在香港製作pizza的第一間餐廳，那時香港還未有其他薄餅店。另外，還有一個具七十年歷史的打蛋糕機，是某位美軍士兵送給他們的，今天他們仍然在用。至於解凍櫃，其容量基本上等同五個最大型的家用雪櫃，專門把冰冷的食材解凍。

用四百度大火燒烤，才是正宗的美式牛扒製法。（照片由樂意扒房提供）

在客人席前表演用的餐車

有七十年歷史的打蛋糕機

大型的打蛋糕機

使用超過四十年的手打薄餅底盤

廚房是楊生的總指揮中心

結語

楊生最捨不得經營了三十多年的老舖。並慨嘆即使找到新的地方再經營，也帶不走那段歲月及具歷史價值的裝修。無論如何，屹立港島超過四十年的樂意，在楊生父子努力下，已在金鐘重新開業了。

典故篇

卡位的起源

香港餐廳的共通之處，就是有私密度極高的箱座，我們稱之為卡位。《花樣年華》的蘇麗真和周慕雲在新廣南餐室模擬她的丈夫和他的太太幽會的情景。現實中，鄭秀文和許志安在太平館演活了世紀情侶的復合談情，都是在餐廳隱密的卡位內發生的。

餐廳的卡位，靈感來自火車內的用餐座位，對望著的座位，中間有一張小枱，形成二人自成一角的小空間，英文稱為 booth seat。在長途的火車上，這些卡位成為了乘客們談生意或者用膳的最佳位置。

以前千里迢迢來港尋親的上海人，愛在同鄉開設的餐廳落腳。感同身受的老闆在餐廳設置卡位，方便同鄉們在一個隱私的地方，打聽國事家事，慢慢吃、密密斟。於是，卡位在華人餐廳中普遍起來。背墊用軟梳化墊，椅背高過頭頂，令餐廳裝修不失典雅之餘，又可以讓一坐數小時的食客坐得舒服。除非客人有需要，否則侍應是不會打擾食客的，因此卡位成為一個民間的「告解小箱座」。

卡位的靈感來自火車的用餐座位

瑞士雞翼

曾到揚州旅遊，同行的一班香港人，在途上已經嚷著要吃揚州炒飯，要比試一下揚州和香港的揚州炒飯有沒有分別。結果到了第一間、第二間餐館，服務員都說沒有甚麼揚州炒飯，回應一致是：「你們說甚麼？我聽不懂！」

如果我們在瑞士要求餐館供應瑞士雞翼，我想同樣是「雞同鴨講」。

說到瑞士雞翼名稱的由來，不得不提豉油西餐的始祖徐老高先生。徐生是廣州人，年輕時曾任職洋行西廚，後來在街上販賣食物。徐生獨創用中式豉油加上西式烹調方法製作西式食材，例如豬扒、牛扒，結果大受歡迎。及後他更開設了太平館，打正旗號，供應「番菜番餅」。由於他獨創的豉油西餐大受顧客歡迎，後來便有以豉油西餐作招徠的新派西餐廳的誕生。

事實上，當時華南特別是廣東一帶流行滷水汁，這是以豉油為基礎調味，加上花椒、八角、陳皮、桂皮、甘草、薑、蔥及冰糖等製作而成的醬汁。滷水汁放進肉類或者

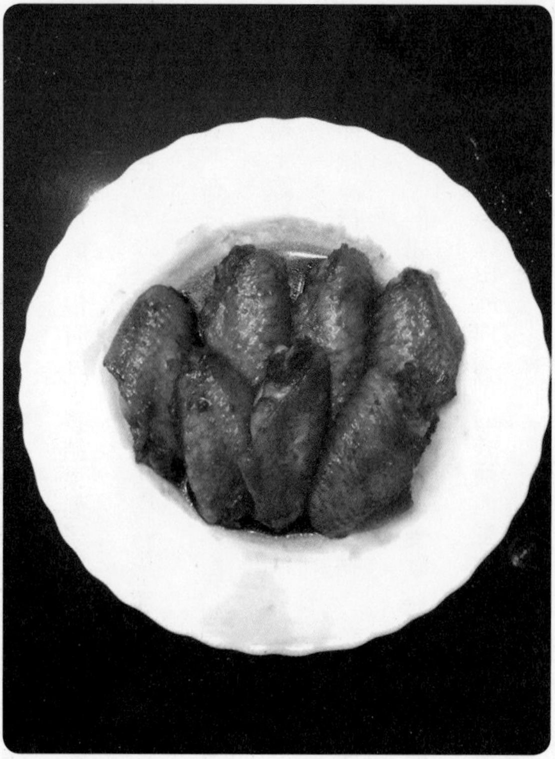

如果在瑞士點吃瑞士雞翼，
想必令瑞士人一頭霧水。

雞蛋後，食材帶有冰糖的清甜味道，以及各款香料的味道，成為了非常受歡迎的美食。徐生便在這個醬汁啟發下創製出齒頰留香的滷水雞翼，成為太平館其中一款美食。

話說有一位洋人在太平館嘗過這款滷水雞翼後，禁不住向侍應大讚：「Chicken Wings, Sweet! Sweet!」但侍應誤以為他是說 Swiss（瑞士），大概是以訛傳訛，這款菜式從此就叫瑞士雞翼。及後廚師們便乾脆叫這種滷水汁為瑞士汁。

紅湯與白湯

羅宋湯

上海和香港一樣，都是港口城市，同樣於一八四〇年代被迫開放予洋人營商、居住及傳教。隨著西方飲食文化的傳入，兩地華人分別把本土元素注入外國食物中，創造出另類的「本土西餐」。

上海人按自己的口味及混合地道的食材創造出來的西餐，叫做「海派西餐」。不說不知，今天我們在香港看似是百分百「西菜」的菜式，原來都是海派作品。其中的佼佼者，便是我們在西餐廳經常喝的紅湯：羅宋湯了。

正宗的羅宋湯源自烏克蘭，是當地貧苦的農民就地取材而製成的家常菜。他們用紅菜頭、薯仔、紅蘿蔔、西芹、菠菜、牛骨及牛油煮成濃湯，冷熱都可以隨時喝。這道湯其實就是農村雜菜湯。紅菜頭令這個湯顏色變成紫紅，味道甘甜，營養豐富又飽肚。

上海開埠後，這道湯由烏克蘭傳到俄羅斯，再傳到上海，中文名取自上海人叫俄羅斯的譯音 Russian Soup。可是紅菜頭在上海並不普遍，於是上海人以蕃茄取代紅菜頭，令顏色變成橙紅色，味道亦變酸，廚師便加入大量白沙糖，增添甜味，成為了今天香港西餐廳必備的餐湯。

金必多湯

除了羅宋湯，當時上海西餐廳又按照另一道湯製作出金必多湯。話說歐洲人來上海通商，為化解語言及文化差異，產生了買辦這類中介人。在上海有不少買辦因此致富，於是對於生活的要求提高了，在飲食上，一方面要炫耀其懂得洋人文化的優越感及虛榮心態，一方面又要保持中國人原有的習慣及口味。

以往上海的西餐廳流行一道以葡萄牙人的奶油周打魚湯為基礎的湯。那些上海買辦在這個湯加入了魚翅、金華火腿、鮑魚、胡蘿蔔絲等中式食材。葡萄牙人稱買辦為

華人西餐必備的羅宋湯
（照片由梁偉基先生提供）

comprador，這道湯亦因而命名為 Comprador Soup，中文譯為金必多湯。這道由華人改良而成的湯，在上海、廣州及香港的華人西餐廳大受歡迎，後來這個貴氣的中文名稱，反過來流傳了一個英文譯名 Million Dollar Soup。

忌廉湯

一般餐廳供應的白湯就是忌廉湯，這是金必多湯的平民版本，或者是周打魚湯的另一版本。周打魚湯是普及的西式湯之一，其由來有多種說法，簡單而言，是歐美國家的漁民，把魚及蜆這些海鮮加入忌廉及牛奶煮成湯，偶然會加入磨菇及洋蔥。經過廣泛流傳後，在高級的餐廳也能嚐到這道忌廉湯。

意粉與河粉

意粉在香港的西餐廳非常普遍，它的出現，有說是十三世紀意大利旅行家馬可勃羅到中國時，見到中國人的拉麵而受到啟發，回國後用西西里島獨有的杜蘭麥製作不同形狀的麵條，並冠以不同的名稱，細分之下，也有二十多款。相對於傳統港式麵檔的全蛋麵、米粉、河粉、米線等，都是用稻米磨成，意粉又別具風格。在香港流行的意粉款式頗多，包括長通粉、天使麵、扁意粉等。

意粉在香港餐廳的食品發展中，有了非常有趣的配搭。其中經典的乾炒叉燒意粉，師傅用了中國醬油炒意粉，加上傳統的廣東燒味，確實體現了豉油西餐的本色，與傳統中餐元祖乾炒牛河雙映成趣。

與乾炒牛河相輝映的
乾炒叉燒意粉

拿破崙意粉

有一款在香港西餐廳流傳至今的菜式，就是拿破崙意粉。不過，拿破崙意粉在亞洲流行起來卻是從日本開始的。更有趣的是，拿破崙意粉這個名字，原來和好幾個西菜名字由來一樣，都是在以訛傳訛的情況下誕生的。

拿破崙意粉是 Spaghetti Napolitan 最廣為流傳的中文翻譯，這個名字明顯把法國梟雄拿破崙的名字 Napoleon 翻譯過來。但是，從這個線索追查，完全找不到半點合理的玄機。

摸不著頭腦之際，我決定從其食材來源再理解一下。Spaghetti Napolitan 的主調是以多款香草及蕃茄做成的醬汁炒意粉。而意大利南部城市拿玻里 Napoli，由於屬於貧窮區域，所以當地人習慣用他們盛產且便宜的蕃茄入饌，所以 Napoli Sauce 便是拿玻里家家戶戶都懂得製作的家常醬汁。家中的婦女都用蕃茄作為主材料，加上每個家庭自己喜愛或種植的香草，例如羅勒、百里香、迷迭香等，每次煮一煲放在家裡，配上 pasta

拿破崙意粉原來跟法國英豪拿破崙一點關係也沒有（照片由林嘉雯小姐提供）

或 pizza 吃。似乎，這樣推論較為合理，即是說 Napolitan 似乎是指拿玻里這個地方，而不是拿破崙這位與意粉毫無關係的法國人。而且，曾有電視台尋訪這款意粉的發源地 Napoli，證實了這種香草蕃茄醬的製作及家庭必備程度，大可與韓國家庭的泡菜相提並論。同時，我又發現當地人不會把 Napoli Sauce 配上 spaghetti 的，正宗的食法是配上較闊身的 pasta 吃的，因為這樣才令每條麵條沾上更多醬汁。

這款意粉來到亞洲，並於日本流行則是一九四五年以後的事情了。二次世界大戰結束後，美軍佔領日本，美國軍官以橫濱的 New Grand Hotel 作為臨時指揮中心，並命酒店的日籍總廚負責供應膳食。總廚為免得失軍官，便決定「照板煮碗」，把美軍軍糧的食物作為基礎，並稍稍改良，當中便找到用美國樽裝茄汁煮成的意粉。他改良了這款意粉，加入蘑菇、蒜片及煙肉粒。結果大受歡迎，更成為日本人爭相嘗試的菜式之一。後來，這款意粉也從香港較高級的西餐廳開始流傳下去。

扒房與鐵板餐

香港開埠初期，吃西餐都限制在酒店或外國人開設的餐廳，稍為高級的，都設有扒房。到了六十年代，開始有華人開設西餐廳及扒房，供應的仍然是美國進口的高級肉眼扒，由廚師用高達攝氏四百至五百度的大型扒爐，把牛扒烤焗，再送給客人享用。當時，在扒房鋸扒是高尚的「玩意」，吃得起的人，非富則貴。然而，鐵板餐的出現，改變了香港的鋸扒文化。

據說，鐵板餐是在一九五六年由中環的美心餐廳率先推出。接下來的七八十年代，鐵板餐在全港不少華人西餐廳開花結果，金雀、飛鷹、車厘哥夫、哥登堡、森美、花園等都是當時提供鐵板餐的華人西餐廳。後來這個潮流，延伸到快餐店，甚至是茶餐廳。

鐵板餐是把大概剛剛熟的肉扒放在一塊灼熱的牛頭鐵板上，再送給客人享用。必備的工具，除鋸齒型的扒刀，更要有餐巾和神燈。由客人點餐到侍應送餐，是有一整套指定的動作。

色香味俱全的鐵板餐

經典的鐵板餐會提供豬扒、雞扒、牛扒，還有集扒類大成的雜扒，並且有香蒜汁、黑椒汁、燒汁選擇配搭。整個餐以紅白湯加牛油餐包開始。當你感覺到一股熱氣加上聽到「吱吱」的聲響，便是侍應奉上主菜的時候了。一塊燒紅了的鐵板，上面盛著燒得剛剛熟的扒，配上炸薯條及三兩件西蘭花及蕃茄在旁。侍應把鐵板放在客人面前，另一隻手拿著盛有香濃醬汁的亞拉丁小神燈。這時候，侍應會在客人旁邊守候兩秒，待客人拿起並張開餐巾或拿起枱布邊作遮擋後，侍應才把神燈內的醬汁倒進鐵板上，「喳喳聲」隨即響起，客人便可以慢慢享用聲色香味俱全的鐵板餐了。

用鐵板上餐，是借用板上高溫的熱力把食物繼續加熱，令肉質保持嫩滑。偶然有些食客不喜歡那股油煙味或者怕「危險」而要求換上瓦碟，不過我覺得他們其實已經放棄了吃鐵板餐的一半樂趣了，甚至是：「唔識食！」

當餐廳內大部分客人都是吃鐵板餐，每張餐桌都成了燒烤場，大廳就頓然變成了開放的廚房，油煙滿佈大廳，四周煙霧瀰漫。可想而知，享用完鐵板餐的客人身上的衣物及口腔都會留有醬汁的味道。這種味道，尤其在港式扒房風行的八九十年代，就成為一種獨特的「香港味道」。

食譜篇

安格斯牛扒

材料：

安格斯牛扒、海鹽。

製法：

牛扒洗淨，抹乾身才好下鑊。燒熱平底鑊，用中至大火煎肉眼扒側邊脂肪位置，再煎封肉眼扒的邊位，大火煎牛扒每面約三分鐘至七成熟。灑上海鹽帶出牛扒的鮮味。

秘技：

煎牛扒切勿兩面反來反去的煎。煎好的牛扒最好放置五分鐘鎖住肉汁，切的時候肉汁就不會流出來了。

Hong Kong-Style Tea Set

03

港式茶餐

引子

充滿人情味的「茶記」

老實說，香港平民化食店的衛生條件及整潔程度都是不太理想的，但求衛生部門人員巡查時合格過關，不會被撤銷牌照便是了。座位不見得怎麼舒適，大多是沒有靠背的硬板摺櫈，即使有靠背的，也是一些看上去不太穩陣的舊椅子。食物是以價錢便宜作招徠，所謂「將貨就價」，味道如何亦可想而知。簡單而言，這些食店的經營皆以簡單和實際為依歸。雖然如此，很多香港人卻喜歡光顧這些食店。無他，因為這些食店充滿了人情味。

茶餐廳供應的奶茶、哈咕、西多士、火腿通粉、甚至鐵板餐，都是從西方飲食文化中擷取而來，再融入本地人的習慣和口味，最終轉化為不折不扣的本土飲食文化，並成為普羅大眾日常生活的組成部分。「乜記乜記」是舊日香港的商店常見的取名，大集團、大商場在香港氾濫以前，「乜記乜記」成行成市，遍佈大街小巷，好不熱鬧。甚至街坊之間也以「乜記乜記」互相稱呼，才算是親密和友好的表現。有趣的是，許多出名的茶餐廳的名字都不是以「乜記乜記」命名，反而是較為完整的名字，例如蘭芳園、翠華、銀龍。不管是「乜記乜記」還是「乜檔乜檔」，香港人已習慣暱稱茶餐廳為「茶記」。

以往，父母輩碰到朋友時會説：「今朝去茶樓飲茶。」今天，年輕人碰到朋友時卻會説：「三點半去樓下茶記吹水。」「茶記」已經成為明乎其實的本土潮語。

現在大部分茶餐廳都是在商場內或街道上開設，有不少茶餐廳的前身是舊日的冰室或者大牌檔。隨著這些茶餐廳的經營者與時並進、不斷創新，最終成就了百分百香港製造的茶餐廳文化。

訪問篇

海安咖啡室

「碩果僅存」一詞近年在香港聽得很多，說來很淒涼，甚至感覺昔日的香港足跡快要被淹沒似的。

這家小店，也是碩果僅存一族。小店位於一幢外表蒼老、矮小、老套的小樓宇地面的店舖，小樓宇則左右夾於又新潮又高大的大樓宇之間，似是每天在脅持它，要求它盡早讓路。然而，在小店的主持人專心經營下，小店老而彌堅，不減一點昔日的風采，捧場客一個接一個，一點也不淒涼。

香港貴為「美食天堂」、「國際都會」，吃的選擇無窮無盡，要吃得好、吃得潮，可以找一間供應新派菜式、裝潢有氣派的食肆。要喝咖啡，可以找一間坐得舒適的美國咖啡店。要吃港式快餐，隨便找一間茶餐廳、快餐店便是了。然而，這家小店，依然維持著冰室的經營模式，謙謙自處，令冰室的歷史痕跡得以保留及延續。

昔日的海安（照片由海安喫啡室提供）

昔日的海安

這家小店名叫海安咪啡室，開業時叫海安冰室，一九五二年在現址開業，即今天港島交通主幹線之一的干諾道，如今從海安已看不到維多利亞港了。但在六十年前，它卻緊緊靠在海旁，從店往外看，眼前都是泊岸的貨船、客船。在當時從事轉口貿易的香港，這裡佔盡地利。老闆之所以為冰室取名「海安」，是因為他想為航海船員送上祝福，希望他們一路上平平安安。

在殖民地的歷史背景下，西方飲食在香港被視為高級的物質享受。隨著戰後經濟起飛，開始有本地華人開設冰室，供應咖啡、奶茶、冰飲及西餅、蛋糕等輕食，顧客對象是稍有消費力的華人。在五六十年代，在冰室飲冰、吃輕食的華人，已經不是一般的貧苦百姓。他們通常是賺錢能力較強的華人，包括洋行買手、小公司老闆，甚至是海員。以前當海員，人工雖高卻要長期離鄉別井，所以當年不少海員臨行前都會去海安好好的坐一下跟家人和朋友話別。

舊式的收銀機可以說是海安的「古董」

撥打式的電話可以說是海安的「古董」

海安擁有典型的冰室格局，兩旁設有棕紅色的實木卡位，其中一邊更有通風的活動窗，中間是小圓枱及木櫈，高高的樓底，天花掛上吊扇，在當年空調並未流行的年代，可以感受到海風送爽的涼快。

海安的經營

海安是由紅茶大王黃橋先生創辦，後來他專注其他業務發展，把海安交給當時任職侍應的歐陽蝦先生接手經營，直至歐陽先生三十多年前去世，歐陽太太主持了一段時間，便交給了老伙計黃伯伯。黃伯伯在二〇一〇年決定退休回鄉養老，海安的命運就落在歐陽家的大家姐 Annie 手裡，即現時海安的主持人。

Annie 說要下接手經營海安這個決定很不容易。一方面，她從來沒有參與過海安的運作，甚至沒有接觸過飲食行業。另一方面，她有感這個地方是她的爸爸辛苦經營養大她和兩位弟弟的地方，情感上實在難以輕言放棄。最終，她得到丈夫及歐陽家上下支

全家總動員延續海安的冰室文化（照片由海安㗎啡室提供）

海安每天都準時開閘招待客人。閘門上的仍是「海安冰室」，足見其悠久的歷史。

持，加上一份保育香港文化遺產的使命，同時又成功跟業主達成共識，願意盡量配合，令海安得以經營下去。

天時、地利、人和，令她可以安心在原址以原貌繼續經營，於是她帶領著摯親，親力親為打理這間「身老心不老」的冰室。

演活老海安

以前海安正面就是海邊，與左右同高六層的大廈並排而列，附近一帶有大概三十個碼頭，每日上落貨物，人來人往，好不熱鬧。那裡有很多行船館，即海員或船公司工作配對的中介公司，類似今天的家傭中介公司。永樂西街、干諾道西及德輔道西之間，有個永樂街碼頭，又稱三角碼頭，海安就在這個碼頭斜對面，後來這一帶出現了很多冰室。

Annie 說以前送外賣是十分環保的，如果外賣訂單是送往附近，他們會把食物放入可循環再用的餐具送予客人，他們吃完後便回收清潔。而且，人與人之間的關係更加密切與自然。Annie 說有一次當時仍然是小孩的弟弟幫忙送外賣到後面的水果檔，久久未回，嚇得爸爸要去找他，原來是水果檔老闆請他吃龍眼。這段軼事，如今成為了老街坊的家常笑話。這位為食的弟弟，現在每逢星期六便來舖頭幫手。

從冰室到咖啡室

究竟海安冰室何時改名為海安咖啡室？原因又何在？Annie 說已無法稽考了。不過，當年香港的冰室或咖啡室同樣是領取小食牌照，提供冷熱飲品、西餅蛋糕。其後種類增多，加入了通粉及火腿煎雞蛋等簡單的食物。冰室和咖啡室一般都在黃昏便打烊了。

最令香港人印象深刻的冰室飲料，莫過於各種冰飲，例如紅豆冰、蓮子冰、菠蘿冰等。早年製作冰飲，是用一個鐵製的冰刨，在一大塊約八公斤的冰磚上刨出冰花，把冰花壓碎後放入杯中，再加上紅豆、蓮子、菠蘿及花奶製作而成。因此，這些飲料又稱為刨冰。同時供應一些現時餐廳已很少供應的飲料。例如咯咕，即英文 coco 直譯；滾水蛋，即在滾水中加入生雞蛋，成半生熟的雞蛋水；滋養奶水，即把花奶及煉奶開水，在五六十年代，花奶是高價及具營養價值的食品，因此被改良成為各式飲料。除飲料外，冰室也供應一些製作簡單的輕食，例如牛油克戟，即英文 hot cake 直譯。還有三文治、雪糕新地、果汁啫喱都是當年冰室的美食。這些冰室經典食品，有些到今天還可以在海安品嚐到。

以往幾乎所有冰室或咖啡室都聘請自家的西餅師傅，每天在自設的工場定時製作熱騰騰的出爐麵包及西餅。這些自家出品的西式包餅都是真材實料製作，不像現在坊間的「空氣包」。海安開業以來只換過一位西餅師傅，每天都是新鮮出爐，限量發售，椰撻、卷蛋、合桃蛋糕杯，一口一口吃下去，充分感受到師傅那份投入和認真的工作態度。這便是不少顧客即使長途跋涉也要來海安嚐其西餅的原因了。

在海安的價目表上，西餅曾幾何時是稱為「名貴西餅」。以往很多冰室每天都會以

今天的海安

廉價出售西餅碎、麵包皮這些「下欄」食物，對於負擔不起吃「名貴西餅」的一般市民，買一磅西餅碎、麵包皮邊行邊吃，已經是人生一大樂事。這種不浪費一點食物，令不同階層的市民各取所需的生活文化，很值得今天生活在富裕社會的我們好好反思。

如今，Annie 每天都鼓勵員工把剩下的麵包帶回家，與家人分享海安的愛。

今日海安

當日 Annie 與老伙計黃伯伯交接工作時，只是接過幾張供應商資料，簡單溝通一下，Annie 便負起經營海安的重任，究竟能走多遠，能維持多久，她並不知道。她只知道要與家人群策群力，將海安很好地經營下去。結果，她們用了一年時間，海安的業務便穩定下來了。

她們沒有更改餐牌內容，仍然堅持供應好吃的麵包和優質的咖啡。只是偶然把原有的食材略加變化，創出新的食法，為顧客製造一些驚喜。有一次，Annie 的一位外籍客人，想吃一個沒有湯的麵。但海安一直供應的都是湯麵，所以Annie一時間未能反應過來，最後她把湯麵的湯抽乾，加上薑、葱及油撈一下上碟。結果，這位客人讚不絕口，因而發明了這個薑葱油撈麵。Annie又想到既然有包羅各式配料的公司三文治，也可以有公司麵呢！一試之下，又吃出口碑來。讓人感到安慰的是，新產品作為顧客的新選擇，卻沒有搶走傳統食物的風頭。

在一些連鎖食店不斷改為通宵營業之際，Annie卻沒有延長營業時間，堅持每天黃昏便打烊，每逢星期日休息，遇上勞動節更讓員工休息一下。這種安排，反而令客人更願意光顧海安，喝一杯懷舊咖啡，享受一下悠閒的下午茶，直至黃昏。

結語

今天，海安仍然堅持舊日冰室的運作模式，並沒有為了要多做生意而隨波逐流。這種沒有忘本的態度，加上店面不變的裝潢，令海安得以繼續演活真正的港式冰室。

南園餐廳

今天的觀塘已是一個被「現代化」的地區，四周是準備拆卸的樓宇，或者是正在動工的地盤。走在街上的，大多是上了年紀的街坊。沙塵滾滾的路上，沿著熟悉的足跡，慢慢地走，只是，身邊熟悉的店鋪、老闆一個個的消失。以往，他們走在街上，每天都是嘉年華，歡欣滿載。如今，走在同一條街道上，他們卻彷彿在沙漠上尋找綠洲。

瑞和街一帶是觀塘的傳統街市，步入這條街的範圍，幸而，仍然嗅到一陣老香港的氣味，乾貨店、豬肉檔、鮮魚檔、菜檔、水果檔混和一起，一呼一吸之間已經嗅到魚腥味、香料味和鹹魚味，大聲叫賣聲及街坊的寒暄聲，突然覺得很動聽。步進市政大樓，從電梯往外看，能夠把這個環境看得更清楚。當觀塘被一片片地瓦解的同時，這個平民樂土仍然可以保留嗎？

建於八十年代的觀塘瑞和街街市

從一碟串燒說起

甫到達市政大樓的熟食街市，已聽到有人在喊：「喂，老友，幾位？埋面坐！」我們要找的這家父子檔餐廳就在咫尺。我們坐下來先吃個午餐，向老闆點了兩客碟頭飯，他見我們生面孔，送飯來時推薦我們吃串燒。我們一心以為他是推銷食物，殊不知他已經拿了一碟熱騰騰的串燒送給我們吃。原來，老闆拿了他們自奉的小食與我們共享。這種街坊之間的交流，感覺似曾相識。這種「先交個朋友」的文化，在昔日的大牌檔、街邊小店可謂司空見慣。只是今天以連鎖形式經營的食店，事事講究系統管理，少了一件餐具、一件食物，員工都需要負責，「打工仔」為求生計，都收起了這種屬於人性的情感。

在這家廚房、水吧分別只能容納兩個人的小店，前面擺放了十多張大大小小的枱和椅。隔鄰的食店是經營晚市，但南園經營至下午便打烊了，所以他們約定借用對方的地方，以增加座位，多做點生意。午飯時間這裡還不算滿座，來的大多是熟客，包括住在附近的街坊或在附近工作的工人。充滿著笑聲、問候聲及閒談聲的一頓午飯，讓人感覺

只能容納兩個人的水吧及廚房，卻是麻雀雖小，五臟俱全。

心身飽滿。這裡點一客快餐連飲品，埋單才三十大元。中午過後，人流漸少，終於可以與這對父子從頭說起。

從鐵皮屋開始

「我們是第一檔進駐這裡的。這棟大樓一九八八年五月一日開幕，我們五月二日開張。前面那檔晚餐小炒都是同一天的，其他都是後期來投標的。」人稱「肥仔」的小劉生特意從廚房出來和我們聊天。所謂廚房，其實是一個只能站兩個人的小空間。如果兩個人同時工作，少點默契都會碰撞。

肥仔已年過半百，他說他十四歲起已經斷斷續續幫父親打理店舖，當時還只是一間鐵皮屋。三十六年前，其父親劉俊南先生（南哥）在觀塘秀茂坪邨十六座附近搭建了一間鐵皮屋，做茶水檔生意。南園這個名稱的由來，是取南哥的「南」字，及南哥父親當年開設的「德香園」冰室的「園」字。「那個年代，大家都是霸地盤做生意的。當時檔

南哥父子檔經營餐廳，令光顧的客人有一種家的感覺。

口用罐裝的石油氣，而我們的檔口在騎樓底，於是向樓上的住家租搭用電。從上面拉電線下來用。」「以前大牌檔沒有甚麼管制，直至政府說要撤走大牌檔，便安排我們上來這裡。這裡不需甚麼食物牌，政府發經營許可證便可以經營。」

當問到從事製衣業的肥仔為何回南園幫手，他說他不想兩老終日為店鋪日捱夜捱，於是放棄製衣的工作回店鋪從頭學起。肥仔說：「最初甚麼都不懂，在師傅旁邊偷師，一邊摸一邊試。如今請多一個人就是多一份人工開支，而且請人也不容易，根本沒有人入行。所以唯有自己做吧！我已經很多年沒有休息了，每年只是過年關門幾天。」累積了多年的經驗，現在他對餐廳的運作已經瞭如指掌。人就是這樣吧，說做不到的理由只有一個，就是不肯做；做得到的理由也只有一個，就是肯做，一定做到。

餐廳講究效率，他們父子亦練得一身「好武功」，樓面、廚房、水吧一手包辦。南哥的太太則負責收銀。訪問時，肥仔看到南哥從水吧出來，便自動走到水吧補位；見到熟客點餐，一句照舊，便馬上下單。肥仔還有一個心得：「即使是熟客，我都問多句『今天吃甚麼？』因為飲料通常不變，食物或會有變，很少人會日日食同樣的東西的！」想一想也有道理，自己也是這樣。

漠視民生的政府

「不過老實說，現在經營這個檔口，只可以說是食之無味，棄之可惜！」南哥有感而發。當肥仔在水吧工作時，南哥繼續說：「我是為了肥仔而繼續做的。」南哥認為肥仔已經年紀不小，很難在外面找工作，而且動過三次腳部手術，繼續經營餐廳，至少肥仔有個生計。正所謂「養兒一百歲，長憂九十九」。肥仔為雙親而回餐廳，雙親卻為肥仔而繼續經營餐廳，任何感情都必須是雙向，才說得上是有情的。

再談下去，才發現原來他們最無奈的是面對政府的無助。餐廳所在大樓是政府物業，落成三十多年，政府卻沒有好好做過維修，令這裡的租戶能夠繼續經營下去。最令七十多歲的南哥動氣的，就是安裝冷氣。政府對於安裝冷氣，說了二十年，卻沒有任何跟進。檔主惟有自資幾十萬安裝冷氣，結果政府又說他們違反《消防條例》，要他們拆走。「沒有冷氣，大熱天時邊個來吃呀？那些民政官，一個換一個，佢地升官發財，我們就繼續係這裡捱。我認為最好政府快快拆掉這大樓，賠償給我們走人！」

抬頭一看，原來他們以透明防水膠布做了假天花，然後再安裝冷氣，充分展現民間智慧。面對政府原地踏步的態度，市民惟有自救，卻又遇上「官字兩個口」，南哥及其他檔主的遭遇，似乎反映出今天香港的社會環境及官民關係。

沖泡奶茶的黃金比率

雖然他們感到無奈，意興闌珊，但每天能與熟客聊天，自得其樂，生活總算是可以的。從南哥及肥仔的經歷，我們看到一幅不折不扣的香港生活寫照。

幾十年來，南園奶茶以入口順滑而遠近馳名，當然要向南哥請教沖泡奶茶的黃金比率，他說：「沒甚麼，看著『茶色奶』做人！」想不到南哥說話這麼「禪」。接著，南哥笑笑地說：「沖茶要預好時間，煲得太耐會苦澀。所以要拉壺。太薄不夠味。問我落多

南哥故友手書的餐牌

少奶，看著茶色沖到黃金色便是。」聽罷，仍是有點摸不著頭腦。「我教肥仔都是這樣教的，他都沖得唔錯。不過有時D熟客硬是要飲我沖的，咪又係一樣！」於是，我向肥仔取經。肥仔的說法與南哥不謀而合，他更即席示範甚麼是拉壺。不管怎樣，這便是香港飲食業老師傅的特色。

結語

在南園的檔口、牆身、柱位，都掛著手寫的白底紅字的餐牌，這是南哥的朋友仗義幫忙書寫的，如今友人千古，那些餐牌亦過時了，不過南哥還是捨不得抹走，就讓它成為裝飾品吧！跟南哥及肥仔拜別後，在離開重建中的觀塘，一路上，我在想：歷史可不可以保留，事在人為。至少劉氏一家，每日努力演活香港，為香港人製造歷史。

銀龍粉麵茶餐廳

訪問劉榮坡先生（坡哥）有關銀龍的發跡史，就仿如走進時光隧道，冰室、工廠食堂、「冬菇亭」、茶餐廳，歷歷在目。同時，瞭解到銀龍是如何一步步發展到今天，又是如何面對當前的社會變遷，展望未來。

從米鋪到冰室

坡哥的父親劉才隆先生（劉生），戰亂時從潮州來到香港，住在九龍仔平房區，以前鋪後居的方式經營米鋪，養活一家八口。後來一場石硤尾大火，家園盡毀，獲安置東頭邨七層徙置區，米鋪則在東頭邨十九座繼續經營。一九六三年，與劉生同屬鄉里的十五座冰室東主決定移民泰國，劉生便把冰室接下來經營，開設了銀龍冰室。

其實坊間一直有傳言，說銀龍的老闆是有勢力人士。理由是「銀色的龍」這個極具霸氣

銀龍冰室帶給坡哥很多童年回憶
（照片由銀龍集團提供）

的名字和猛龍的標記，都是勢力的象徵，加上多年來，屹立旺角的黃金地段，人流絡繹不絕，如非有一定勢力，一定招架不住……一切都言之鑿鑿，這個謎團終於在這裡解開了！

當年劉生為了鼓勵自己初次經營冰室，認為自己的名字「才」與「財」同音，有銀紙就生財；「隆」與「龍」同音，兩字遂合併成為「銀龍」。這個名字一直沿用至今。至於銀龍如何在旺角站穩陣腳，又是另一個故事了。

接手冰室生意後，劉生留用舊伙記，自己和家人便邊做邊學，米鋪、冰室兩邊兼顧。坡哥作為傳統潮州家庭的長子，才十歲出頭，便要分擔米鋪各大小工作，為將來接手生意打下基礎。

冰室的店面很小，三百呎的地方只能放八張枱。賣的是簡便的西式輕食，例如奶茶、檸茶、蛋治、通粉，種類不多，而且來光顧的客人大多是附近的街坊熟客。客人甫進冰室，伙記未「唱茶水」1，水吧就已經把奶茶送到客人面前。

1「唱茶水」：以前店鋪面積小，食物種類又少，伙記以叫喊方式向水吧直接下指令，並能夠準確無誤地送到客人面前。當中也有一些飲食上的有趣叫法。例如「二〇六」即「熱檸樂」，「飛砂走奶」即齋啡。

進軍「冬菇亭」

到了一九八五年，東頭邨清拆重建，冰室面臨結束，政府將商戶遷移到老虎岩，即當時新建成的樂富中心。那時三十歲的坡哥已經累積了不少經驗，劉生認為坡哥可以獨當一面，亦是自己退下火線的好時機，於是允許坡哥在樂富的「冬菇亭」開設分店的要求，為將來接班做準備。

新落成的社區、新開拓的「冬菇亭」、初到貴境的銀龍，一切都是從新出發。坡哥懷著年輕人創業的衝勁，用了十萬元開業，換來的卻是第一天只有六十元生意。幸而，坡哥懂得隨機應變，留意到區內有七所中學，看準了學生哥吃午飯的需要：平、快、飽，結果想出一套午市學生餐的方程式2。學生餐承惠六元，有一碗湯、一碟飯及一杯飲品。後來，其他茶餐廳紛紛效法。

2 學生餐一般包括紅湯（羅宋湯）或白湯（忌廉湯），碟頭飯及飲品。碟頭飯選材通常以肉類及飽肚為主，例如豬扒、牛扒、腸仔雞蛋，再加上醬汁，用意是有餸有汁撈飯會容易入口，不過有個別茶餐廳的粗製濫做，令醬汁太稠、顏色似用人造色素增加賣相，變成好心做壞事，像女士為美整容卻過火毀了面容。故後來香港學生哥戲稱這些茶餐廳的碟頭飯是「鼻涕飯」或「瑩光飯」。

七十年代，政府開始在公共屋邨興建五角形設計、俗稱「冬菇亭」的平民食肆。
（照片由梁偉基先生提供）

坡哥與父親合照（照片由銀龍集團提供）

自此，銀龍聲名漸廣，連廣播道「五台山」的DJ、藝人、記者等都愛在這裡「打躉」，更是汪明荃的「萬歲」之選。剛巧房屋協會的居屋辦理中心設在樂富，令人流更加暢旺，生意愈做愈旺，坡哥更贏得「亭王」的雅號。

從冰室到茶餐廳

累積了一定經驗後，坡哥再下一城，尋找開設分店的地點。剛巧劉生在石蔭邨有自置鋪位，決定收回自用，並正式定名為銀龍茶餐廳。

當問到如何領取「茶餐廳牌照」，坡哥坦言是冒著被檢控的風險下做生意，這種情況維持了兩年。因為當年沒有「一條龍」式的申請牌照服務，而是要一個個政府部門去問，去申請，所以從提出申請到發出牌照需時甚長。除了茶餐廳一般元素外，坡哥想到香港人也愛吃廣東粉麵，於是決定「吃盡四方」，在茶餐廳前加上「粉麵」兩字，成為銀龍粉麵茶餐廳。

銀龍為港式茶餐廳開拓了一個新局面，在西餐食物以外，加入了中餐元素，令茶餐廳本土化跨進一大步。

及後，坡哥把業務發展到荃灣眾安街，再次運用他銳利的觀察力，把握機遇，創造商機。坡哥說：「八十年代，香港工業發展蓬勃，荃灣區工廠多，工人連出街吃個飯也唔得閒，於是我們大力宣傳外賣服務，遠近都送。而工廠的老闆、工人都搵到錢，往往小費打賞送外賣的人，我們則講清楚，小費全數歸送外賣的同事，實行多勞多得，大家三贏！」

「當年荃灣是往來屯門、元朗的唯一主要幹道，而屯門公路經常塞車，尤其下班時份，遇上交通事故，隨時用上兩三個小時，有些人便寧願在荃灣吃過晚飯才歸家。於是我們發展晚飯小菜。後來想到一些夜歸人及在半夜工作的卡啦 OK 侍應、司機、報販等等。結果，在一九九二年，我們乾脆發展二十四小時營業的銀龍！」在九十年代，通宵營業的店舖，頂多只有寥寥可數的便利店。坡哥卻想到以通宵營業來增加客源，結果令生意暢旺！

坡哥看準香港人愛吃廣東粉麵，特別開設粉麵廚房。

主理午市及晚飯小菜的廚房

銀龍在荃灣的分店實行通宵營業，開創茶餐廳經營的新局面。

天價旺舖

一直以來，銀龍給香港人的印象是「有勢力」人士的生意，但看到這裡，我想讀者對上述傳言的真偽已有想法。但故事在此並未完結，深入瞭解下去，不禁令我為坡哥及銀龍送上「佩服」二字。

憑著實力一步步發展的坡哥，將自己構想出來的茶餐廳經營模式不斷優化和改良，並得到顯著成效。一九九六年，他決心擴充其生意，進軍香港的核心地帶：旺角，並以月租四十八萬元的天價，在西洋菜街承租舖位開業。結果，如他所願，客人絡繹不絕，生意風生水起，同年，已在旺角開設第二間分店。不論是情侶、上班族、各地遊客，都一定曾光顧銀龍。由此可見，坡哥的生意頭腦絕對是「有勢力，有實力」。及後在油尖旺、銅鑼灣都能發現銀龍的「足跡」。

除了旺區，銀龍亦應房屋署的邀請，在各區屋苑商場開設分店，足見銀龍成為了香港著名品牌之後，也沒有忘記服務普羅大眾的社會使命。

走向電腦化

雖然銀龍是從家庭式小生意起家，但坡哥卻是高瞻遠足，令銀龍從徙置區的一間小冰室，發展成今天分店遍佈全港的飲食集團。

如何能確保業務暢順、成本下降的同時，又能夠控制品質。其中關鍵就是坡哥在荃灣設置了中央廚房。他設立總廚制，以高薪招聘有實力的廚師，確保食物水準劃一及優良。他的格言是：「招呼唔好便慢慢死，出品唔好就即刻死。」所以除了食物品質，他也要求員工對客人要以禮相待，一切從心出發。

除中央廚房外，銀龍也是較先把下單電腦化的，令店舖管理更加有效率。當然，試行初期，對於二十多年來，習慣看「鬼劃符」筆蹟的水吧老師傳來説，當然是不習慣。但無可否認的是，通過電腦化，銀龍已經準確無誤地得出每天平均沖泡七千杯奶茶的銷售數字。

坡哥與太太、兒子，事事親力親為。

立足香港，堅守香港

當問及坡哥可有考慮回中國內地發展時，他簡潔地回答說：「唔會！」

貌不出五十的坡哥笑說，他已年屆六十歲，是享受一下人生的時候，現在他兩個兒子也合力繼承這個家族生意。然後他認真地說自己可能為人執著，視香港為根，對食物品質又講究，還是留守香港把品牌做好。他不諱言，經常有人來説項，想以銀龍的品牌在內地發展，利潤有多少多少，但坡哥不為所動。他甚至在網站上發表嚴正聲明，與那些混水摸魚的不法商人劃清界線。銀龍名乎其實是創立於香港、立足於香港的本地飲食企業。

結語

當問及茶餐廳會不會被淘汰，這位「茶餐廳之父」斬釘截鐵地說：

「我敢講，茶餐廳只會長做長有！」

但願，香港人的茶餐廳「長做長有」！

典故篇

飲冰室

今時今日的冰室，往往被一些以懷舊概念做主題的茶餐廳濫用作為店名。但凡用冰室作招徠的新店，都希望挾著那種老香港的口味。不過，假如這些茶餐廳的老闆認真查究一下，我想他們應該不想自己的食店只是冰室，然後落得冰室般被淘汰的下場了。

充滿風骨的「飲冰室」

雖然冰室售賣的是飲料及西式糕點，但這個名字是百分百來自中國的先賢。《莊子》曰：「今吾朝受命而夕飲冰，吾其內熱乎？」意指早上獲朝廷委予重任，弄得晚上仍然內心焦灼，要飲冰降溫。清末民初才子梁啟超建了一座書室。當時正值他受光緒皇帝變法維新之命，同時國家面對外來勢力入侵，令其憂心忡忡。於是他把書室命名為「飲冰室」，自號「飲冰室主人」。至於香港的「飲冰室」是否啟發自梁氏的書室，便不得而知了。

如果從飲冰室一詞的字面解釋，便是售賣降溫的冷飲、冰飲的小斗室。在廣東沿海一帶，尤其是香港，夏天悶熱異常，能夠坐下來飲冰消暑，也是一大樂事。結果這類飲冰室大受市民大眾歡迎。

華洋共處

早於一九二〇年代，香港的飲冰室開始在港島西營盤、中上環一帶興起。較為聞名的有安樂園飲冰室、璇宮飲冰室、陶然飲冰室，都是由華人開設的。它們格局平實，吸引了不少洋行買辦光顧，藉此交換市場情報。

至於洋人開設的飲冰室，便有位於下亞厘畢道，牛奶公司為位於東角的製冰廠而順道開設的飲冰室，實行提供「一條龍」式服務。由於這間飲冰室是由洋人開設，故裝潢典雅，格調高尚，吸引了不少上流人士以至洋人光顧。在當時華洋種族觀念分野明顯的社會，這些以出入酒店及餐廳為傲的人走進飲冰室，成為了一時佳話。

冰融於茶

飲冰室主要提供飲品及小食，實際上是以飲品為主，輔以輕巧的糕點、餅乾。光顧的人往往是在午餐過後，黃昏下班之前，找個地方歇腳，因此飲冰室並沒有煮調的食物供應，而且一般在黃昏便打烊了。久而久之，飲冰室這種單調的食店便被進取的茶餐廳取代，真是明乎其實的「冰融於茶」。

位於華富邨的銀都冰室，是現今少數的老冰室。（照片由梁偉基先生提供）

冰室與茶餐廳的卡位

到冰室飲冰是昔日情侶拍拖的一個好去處。兩人在冰室找個卡位對坐，共享一杯蓮子冰，吹吹風扇，細細私語，便樂得半天。伙記亦很「識做」，不會特別打擾他們。

有一些規模較大的冰廳，分上下兩層，卡位設在樓上雅坐，多付一點錢，便可以在二樓窗邊卡位吹著涼風，欣賞景色。久而久之，不論是餐廳或冰廳，牆邊位置都設有卡位。現在，卡位已成為了茶餐廳最受歡迎的位置，幾乎每位顧客步進餐廳，目光都在搜索卡位。

當茶餐廳在香港誕生時，經營者都不約而同地繼承了卡位的格局。人不多的時候，找個卡位「吹水」或者「蛇王」，仍然是市民大眾的生活情趣之一。不過，隨著社會生活節奏加快，特別是午市及晚市，光顧茶餐廳的顧客愈來愈多，漸漸形成了一套「卡位使用守則」，那便是：「繁忙時間，四人卡位，二人一邊。」四個互不相識的顧客被迫坐在一個狹小的空間用餐，大家心裡都想著：「快吃速逃。」

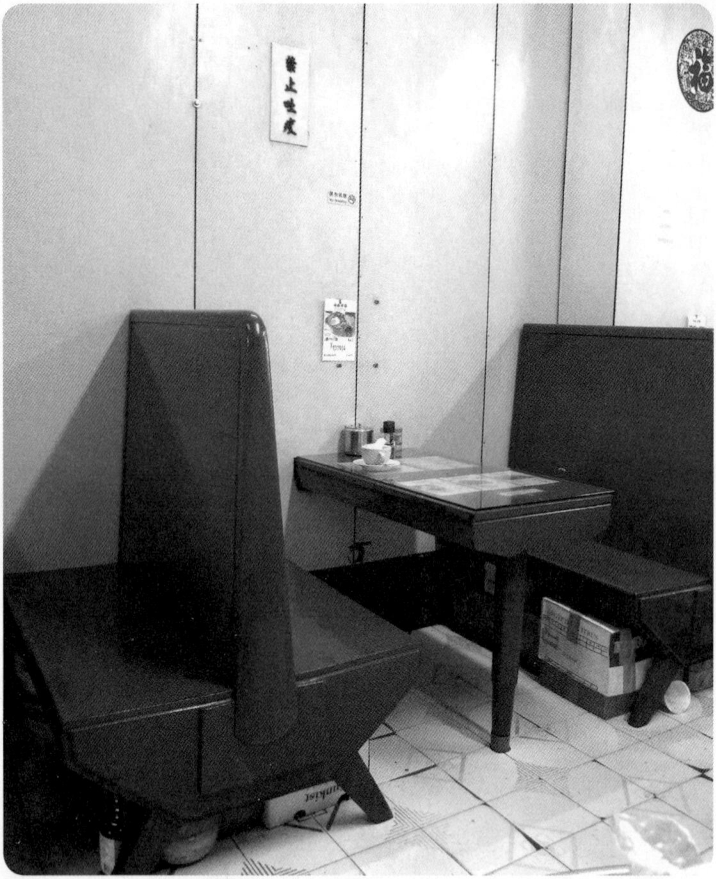

不少客人特別是情侶對卡位情有獨鍾

老火例湯

千禧年代，很多茶餐廳都供應中式的小菜套餐，尤其在晚市時段。如果客人點了「男人的浪漫」1，卻硬要他在西式的紅白湯之間做選擇，的確有點為難，且大刹風景。試想想，如果茶餐廳能夠為客人送上一份老火靚湯，令他溫暖在心頭，是何等窩心的事！於是香港人的家常老火湯便在茶餐廳登場了。茶餐廳的廚師會按照每天的食材決定當天是甚麼老火湯，一般稱為「例湯」。

從此，每當茶餐廳伙記招待客人的時候，從以往的「紅湯定白湯」改為「紅湯、白湯定例湯」，客人就會問：「今天例湯係咩？」這個通常回家後問媽媽的問題，令茶餐廳給客人一種「家」的感覺。

1「男人的浪漫」是豆腐火腩飯的坊間戲語。由於這是茶餐廳最受男士歡迎的碟頭飯之一，而味道有住家的感覺，令男士吃得感性起來。

媽媽煲的老火湯，最終成為茶餐廳的招牌例湯。

茶餐廳行規

茶餐廳絕對是現今香港人光顧最多的食肆，無他，食物種類眾多，價錢相對便宜，製作時間快捷……更可能是出於一份「香港情懷」。但是，我們對茶餐廳的行規又知道多少呢？

清水費

以往通訊設備還未普及，很多找工作的人都是往茶餐廳找機會。遇上一些不識趣的客人，往往在茶餐廳坐著卻不點食物或飲品。伙記不好意思請他們走，又不想白白供應免費清水予他們，便想出了「清水費」這個名目。凡是不消費的客人，一律向他們收取三四元的清水費，有些茶餐廳甚至講明「淨飲雙計」，希望藉此趕走那些在店內不消費的客人。

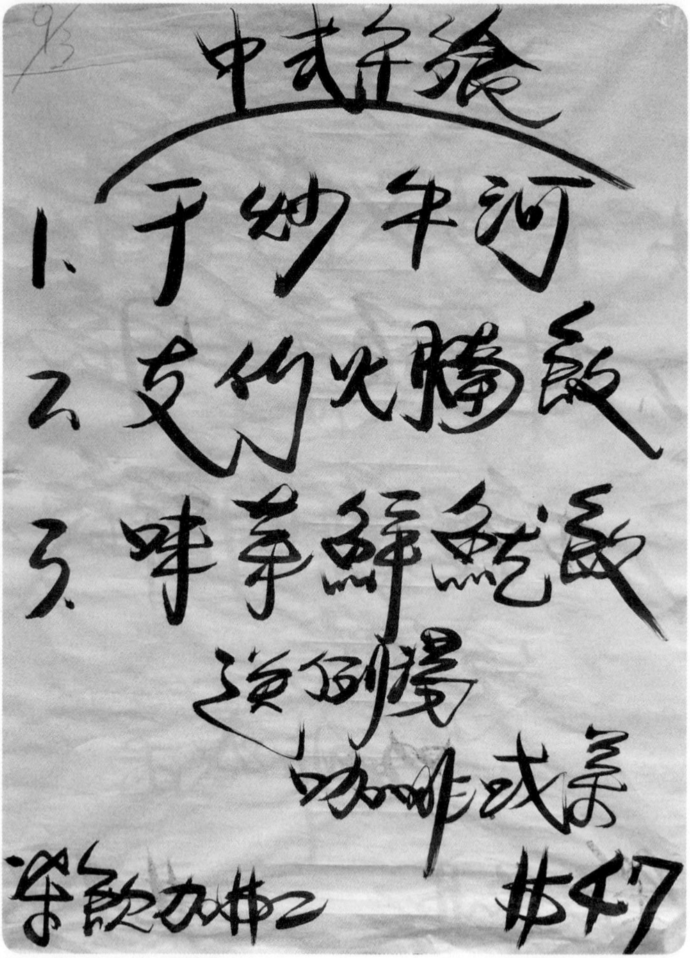

雖然今天冰塊價錢便宜，但凍飲加錢已成為餐廳約定俗成的行規了。

凍飲加錢

為甚麼凍飲要加錢？我想很多香港人都想不通道理何在。開埠初期，香港還未引入製冰技術，所有冰塊都是進口的。我們可以想像，當年的冰塊其實是一種奢侈品。可是，香港的夏天潮濕悶熱，對冰塊的需求甚大，冰室或茶餐廳都需要大量購買冰塊製作冰飲或加進其他飲品，自然會把冰塊的費用轉嫁給消費者。隨著製冰技術的進步，今天冰塊已不是甚麼奢侈品了，但「凍飲加錢」已成為一種約定俗成的茶餐廳行規了。

港式奶茶

不用多說，港式奶茶的始祖，當然是英國的上流社會階層，但也有以下一個典故。

全世界的紅茶產地主要分佈在中國、印度、斯里蘭卡、印尼等國家。視乎季節及產地，茶葉的色澤或深沉或明亮，味道或苦澀或甘甜，香味或有花香或有果香，每種茶葉都各具特色。有一段很長的時間，香港是世界貨物的轉口港，自然成為各式各樣茶葉的轉運站，能夠選擇的茶葉種類包羅萬有。其中，錫蘭出產的紅茶價錢低廉，味道又不俗，所以成為較受歡迎的茶葉，亦成為了香港奶茶的基礎。

話說在港口搬貨的苦力（coolie），每天被上司指指點點，把各式的貨物搬出搬入，非常辛苦，汗流夾背，心裡也想知道自己搬的那些葫蘆是賣甚麼藥。憑著鼻子的帶領，他們知道很多時所搬運的貨物不乏是茶葉，而且款款香味不同，產地不同。以前的貨物一般用麻包袋盛裝的，往往有「漏網之魚」，便成為苦力們的「下欄」，茶葉便是其中一種。

港式奶茶從茶葉的選用以至茶杯的外觀都非常講究

苦力們知道上司們愛喝紅茶，所以他們也想試一下。又聽說上司們喝紅茶時加奶，因此苦力們又加以模仿。就是這樣，飲紅茶這個習慣悄悄地在苦力群中形成，更開始與華人吃中餐時飲的普洱茶展開了「明爭暗鬥」，後來紅茶更晉身成為苦力們經常光顧的茶檔主角之一。

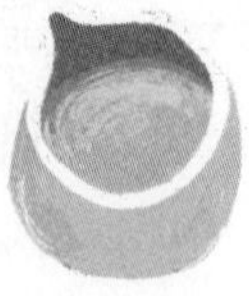

奶茶、鴛鴦、茶走

絲襪奶茶與鴛鴦說得上是冰室或茶餐廳的「飲品孖寶」，是不折不扣的香港產物。

絲襪奶茶

一九五二年中環擺花街開了一家叫蘭香園的茶檔。所謂茶檔，就是以賣飲料為主的檔口。由於這家茶檔靠近碼頭，主要供應碼頭苦力愛喝的南洋咖啡及紅茶，作為小歇的飲料。

由於斯里蘭卡及中國內地的紅茶都是經香港轉口的，飲紅茶漸漸在香港興起。最初，茶檔師傅把茶葉和熱水盛在大壺中，任由它不斷翻滾，令紅茶的茶葉釋出的味道愈來愈濃，甚至有苦澀味道。

沖泡絲襪奶茶的茶壺

蘭香園的老闆便想盡辦法改良沖泡紅茶的技巧，他想到茶葉的浸泡時間會影響味道，於是改用小型的鐵柄手壺，逐杯沖泡，並且發明了一個隔茶渣的網，掛在手壺上面，用以減少茶葉浸泡的時間。最初他用過不同類型的網，後來他的妻子找來了白綿布，把它製成茶袋，結果，隔茶葉及滴漏的效果十分理想，於是一直沿用下去。他在茶檔把茶葉反覆沖泡，竟然製出香醇又不苦澀的紅茶，加上植脂花奶和糖，便成了香濃的奶茶。那個以白綿布製成的隔茶網日漸染上紅茶的顏色，遠遠看來像是近乎皮膚顏色的尼龍絲襪，所以，碼頭工人都稱之為「絲襪奶茶」，而蘭芳園亦因此打出了名堂。

後來，這種沖茶方法在其他茶檔流傳，不同的師傅又鑽研出不同的茶色、香味的配搭方法，成為了極具香港特色的奶茶，更成為港式茶餐廳的標記。

鴛鴦

當蘭香園的絲襪奶茶打出名堂後，有一位行船的客人要求蘭香園的老闆沖一杯「鴛鴦」，他問「鴛鴦」是甚麼？原來就是咖啡混合奶茶。他依樣畫葫蘆，調配成一杯咖啡混合奶茶的鴛鴦，而且味道別具特色，既有咖啡的香濃，又有奶茶的順滑。

茶走

若說港式奶茶是香港人的集體創作，相信並不為過。傳統上，絲襪奶茶是要配淡奶，然後加入砂糖，一邊飲一邊微調，後來，有人發覺用煉奶代替淡奶和糖，會令奶茶更順滑及有質感。茶餐廳的伙記稱這種飲法為「茶走」。

將冰山劈開

蓮子冰、菠蘿冰、紅豆冰、雜果冰，你喜歡那一款冰？其實應該說「吃」那一款才對。

冰從何來？

話說華南地區的夏季，天氣潮濕又悶熱，五六十年代冷氣仍未普及，普羅大眾最佳的解暑方法，不是上涼茶舖，便是去冰室。冰室通風的通花大鐵窗，懸掛在天花的吊扇，再飲著一杯冰飲加上一些小吃，這樣便帶來一個涼爽的下午。

大家可知道冰是怎樣形成的？對，是把水冷凍到零度以下。那麼，當年香港製冷的工具和技術仍未十分成熟，冰飲所用的材料從何而來呢？原來早期香港的冰磚是從中國北方直接用船運來，這些比一座雙門雪櫃還要大的「冰山」運到香港後，再由工人拖運到東角（今天銅鑼灣）的冰庫冷藏，其中較著名的是牛奶公司的冰庫。後來，引入了製

不同類型的冰飲及糖水是早期冰室的主打食品（照片由銀龍集團提供）

冰技術及機器，牛奶公司便在中環自設製冰廠，位置在今天藝穗會。那條街因而命名為雪廠街。

不論是船運或冰廠製的冰，送到冰室或餐廳時仍然是長十尺八尺的大冰磚，需要由水吧員工用鐵錘鑿成碎粒，成為製作冰飲用的冰粒。因屬人工敲鑿，所以以往的冰粒是大小不一的。

蓮子紅豆冰

廣東一帶盛產甘蔗，所以糖的資源十分豐富，加上氣候濕熱，當地人都喜歡吃糖水滋潤一下。蓮子及紅豆都是製作糖水的好材料，紅豆有補血、益氣的功效，蓮子可以滋潤下火，而且夏天正好是豐收季節。

用在冰飲上的紅豆和蓮子都要經過師傅加工處理。首先將蓮子浸水，加梳打粉及清水煲軟，然後用人手把蓮子皮搓走，除去蓮芯變成白蓮子，這樣的蓮子才會入口鬆化及有嚼口。至於紅豆，先把紅豆浸於水中令其脹大，然後在清水煮至八成軟，熄火後用餘熱焗至全熟，但要保持原粒狀。當客人點紅豆冰或蓮子冰時，師傅便用上一個行內稱為「老鼠仔」的冰刨，把冰花壓成三角錘型或者圓球型，為飲品添加賣相，再加上紅豆或蓮子，就成為一杯經典的冰飲。

可惜的是，現在有快餐店竟然粗製濫造，把紅豆磨成蓉作為紅豆冰的原料。當然，這種做法可以節省成本，但可知道吃紅豆冰的精髓，就是讓豆和冰同時放在嘴裡「交戰」，享受「化整為零」的過程呢！

民間保健飲品

冰室或茶餐廳除了把西式飲食融入華人日常生活外，普羅大眾亦把他們的生活小智慧引入這些平民食肆。

牛肉茶

戰後的香港，社會貧窮，物資匱乏，很多小孩和婦女營養不良，往往因為缺乏鐵質導致貧血。當時牛肉的價格相較其他肉類便宜，又富含鐵質，冰室便想到把新鮮牛肉浸水，加上少許鹽和薑汁煮成牛肉茶。另一些冰室則採用英國人引入的保衛爾牛肉汁加滾水沖淡供應給客人。一杯簡單的飲料，便成為當時普羅大眾的營養補充劑。今天的香港，牛肉已經不再是廉價肉類，加上市民的生活條件大幅提升，已鮮有營養不良的問題，牛肉茶也逐漸在冰室或茶餐廳絕跡了。

充滿想像力的和尚跳海

和尚跳海

這款飲料其實就是滾水蛋。把一隻生雞蛋放入盛載七分滾水的玻璃杯內，黃金的蛋黃帶著白色的蛋絲，加點幻想力，便是一位穿上黃袍的光頭和尚跳進水中。客人在這杯飲料加入少許糖，再把雞蛋除除的攪拌，又是另一種平價的營養補充劑。以往，吃生雞蛋是很普遍的，不過今時今日，禽流感、沙門氏菌肆虐，這款飲料可說是已被淘汰了。

金蓋鮮奶

以往香港仍然有為數不少的牧場，能夠飲到營養豐富的本地牛奶是平常的事。例如牛奶公司在薄扶林的牧場、九龍維記在牛池灣的牧場，為香港市民提供新鮮牛奶。每日牧場工人將玻璃樽裝的鮮奶送到冰室，然後回收空樽。

那麼，大家是否知道有金蓋奶與銀蓋奶兩種呢？它們又有甚麼分別呢？

話說牛奶公司的牛奶都是直接從母牛取來，消毒後入樽銷售，這是最初期牛奶的產品，一律使用銀樽蓋。後來牛奶公司得悉有些人對於牛奶的糖乳產生敏感，容易拉肚子。於是在全脂奶中加入一些維他命劑，合成另外一款比較淡口的牛奶，減低產生敏感的可能，為免混亂便使用金樽蓋，以資識別。金蓋奶有牛奶的味道，價錢又相宜，所以在冰室或茶餐廳大受歡迎。

檸樂煲薑

如果跟年輕一代說可樂可以熱飲，相信他們會「O嘴」。如果問長輩感冒初起時怎麼辦？他們都會傳授你檸樂煲薑。這種偏方從何而來已經無從稽考，但事實上，以往香港的低下階層市民一般難以負擔看病診金，遇上小毛病，大多都是用民間各種偏方自行解決。聽說喝完檸樂煲薑可以排出體內寒氣，紓緩感冒的不適。後來，有茶餐廳照板煮碗，把可樂混入薑片煲，再加三兩片檸檬，令口味酸甜，容易入口。

不管感冒與否，早期茶餐廳不少客人都喜歡點一杯檸樂煲薑，暖一暖自己的心窩。

菠蘿油

「菠蘿」在香港人心目中有多重含意，純粹認為它是水果的一種，也許只有三歲的小孩子們。經歷過一九六七年那段動盪歲月的市民們，「菠蘿」對他們來說可謂記憶猶新，在街上碰到「土製菠蘿」，性命隨時不保。對於愛吃的香港人來說，他們對菠蘿包及菠蘿油的印象可能更加深刻。

說到菠蘿包的成分，又回到老婆餅沒有老婆，鳳梨酥沒有鳳梨這類違反《商品說明條例》的玩笑。一點也沒錯，菠蘿包確實沒有菠蘿的。其實這個名字是用來形容它像菠蘿凹凸不平的獨特表皮。至於它的出現，相信與雞尾包一樣，是香港的麵包師傅在偶然下製作出來的。

菠蘿包吸引之處，是那些輕輕依附在圓圓的麵包上，既香脆又脆弱的菠蘿狀脆皮。大概在六十年代，麵包的種類有限，食材供應亦不多，師傅便利用現成的麵包材料加以發揮，把平凡不過的麵包原料：麵粉、砂糖、豬油、雞蛋混合起來，放在一個個小麵包

經典的菠蘿油（照片由銀龍集團提供）

團頂上烘焗，出爐時菠蘿包脆皮的糖混上豬油，令脆皮產生了焦糖的香脆，香氣撲鼻，街坊都「聞風」而至，於是成為了香港麵包店必備的基本麵包款式之一。

至於為甚麼菠蘿包會跟牛油扯上關係，原因已無從稽考，但是台灣旅客把這款地道小食形容為「冰火菠蘿油」，感覺貼切又帶點艷情。一小片厚厚的冰硬牛油，夾在熱騰騰的菠蘿包中間，一口咬下去，一啖冷一啖熱，冰冷的牛油被熱情的菠蘿包融化，這種奇妙的感覺，令食客倍感滿足。

不過，如果注重體重及健康的朋友們要注意，一個菠蘿油約含四百五十卡路里，等同吃了兩碗白飯。按相關公式粗略計算，消耗一個菠蘿油的卡路里需要跑步七點九公里，相比消耗吃西多士吸收的五百八十四卡路里需要跑步十點二五公里，那個更「抵食」，就由各位自行判斷了！

雞尾包

小時候，我家附近有家麵包店，上學時嫲嫲會讓我進去自選麵包，作為小息時的小吃。那裡的麵包都是新鮮出爐，菠蘿包、炸牛肉包和雞尾包都是我的至愛。

這三款候選麵包中，我的三甲排名為：雞尾包、炸牛肉包及菠蘿包。以味道而言，它們各有千秋，我的味蕾難分高下。為甚麼雞尾包是我的首選？或者先説炸牛肉包及菠蘿包：前者油炸，多吃過於油膩，腸胃受不了；後者的皮「弱不禁風」，回到學校後已經「散晒」，吃得不爽。至於雞尾包，勝在一切都剛剛好。餡料是椰絲和麵包碎加糖，包面帶點芝麻，加上有兩小行的吉士點綴，吃下來啖啖椰香又帶甜味，飽肚又滿足。因此，它是我長期的首選。

後來，爸爸知道我經常吃雞尾包，就著我以後不要再吃，説裡面的餡料對身體無益。雖然如此，雞尾包繼續是我的麵包首選。之後，每當我吃雞尾包時，我都有一種天人交戰的感覺：一方面雞尾包在我心中「好香又好味，是上等包」，另一方面「專家」

賣相普通的雞尾包是不少人的麵包首選（照片由海安咪啡室提供）

卻說「這個包無益的，少吃為妙」！

很多年以後，爸爸和嫲嫲閒談時說起鷄尾包的製作，並爭論有益、無益之時，我便留心細聽。

爸爸說雞尾包是用「下欄」食材製作，我們家從事飲食業，對「下欄」一詞並不陌生。「下欄」即是賣剩的、不能登大雅之堂的剩食。當時爸爸說雞尾包是麵包師傅把前幾天剩餘的椰絲及麵包碎，加少許砂糖壓碎做成的，有時還有些花生碎。後來，這個說法我從一位從事包點製作的師傅口中得到證實。

長大後，我才發現爸爸當年形容的雞尾包真正存在過，那是戰後初期的香港。那個年代物資短缺，麵包也不太流行，麵包師傅惟有物盡其用，按西方雞尾酒的做法，發明了雞尾包，因為價錢相對便宜，故深受普羅大眾歡迎。今天，社會環境改善，物資供應充裕，麵包師傅製作雞尾包時不會再用「下欄」食材，而是購買新鮮及正宗的食材製作，而雞尾包亦繼續成為客人光顧餐廳或麵包店時的必然選擇。

方包、多士、三文治

方包是早期香港冰室或茶餐廳的必備食材之一，用來製作各式各樣受歡迎的多士（toast）和三文治（sandwich）。

多士和三文治的名稱都是來自英文翻譯：隔夜的麵包，由於部分水分已流失，不及新鮮麵包好吃，通常師傅會把它輕輕烘脆成為多士，入口香脆，再塗上果醬或牛油，可以作為早餐及下午茶的小吃；三文治是用兩片新鮮麵包製作，入口香軟，再夾著一些鹹味的食材，例如「攬住」和「米嘔住」1，也是正餐的好選擇。

1「攬住」和「米嘔住」是伙記叫茶水時的戲語，即雞蛋三文治及鹹牛肉三文治，取其諧音，又聽得攪笑和風趣。

砂糖多士

以前的多士只是把方包烘脆，如果要加奶或牛油都要額外付錢。後來有食客想提升口味，但又不想多付錢，便腦筋急轉彎，把放在食桌上的免費砂糖加在多士上，成為了砂糖多士。

牛油多士

隨著煉奶、牛油、果醬、花生醬開始普及，客人吃多士的口味配搭便變得多樣化了。伙記下單時便要聽清楚不同食客的要求。為求方便，他們都是以最後一個字為記，於是有了「奶油多」、「沾醬多」、「油沾多」等不同稱呼。「沾」即是果沾，是從英文 Jam 翻譯過來的。

法式西多士

這是香港在全球五十大美食排行榜中的代表作，簡稱「西多」或者「西多士」。據說，羅馬時代法式西多士已經在歐洲流傳。不過，現在大家都已經公認這是香港創製的食物。法式西多士在歐洲曾經有不同的稱呼，後來以英語 French toast 的稱呼最普遍，中文便順理成章譯為「法蘭西多士」。

法式西多士可以說是多士的優化版，師傅把不再新鮮的麵包，加入蛋汁煎至金黃色，配上不同的調味料，例如肉桂粉、可可粉及水果進食。這種西方的多士食法，後來傳入香港，並成為了下午茶的寵兒。香港的西多士是在蛋汁煎麵包的基礎上加以發揮的，把整片方包浸入蛋汁內，令整片麵包沾滿蛋汁，再用煎鍋用油煎炸至金黃色，令味道更香口，因此大受歡迎。上碟時加上一片牛油塗抹，配上糖漿或煉奶進食。也有一些食法是用兩片方包塗上花生醬再浸蛋汁，令西多士的味道更豐富。

蛋牛治

鹹味的三文治中，還是傳統的蛋牛治最受客人歡迎。牛肉在過去是比豬肉便宜的肉類，是茶餐廳的常備食材，如果想吃三文治又不嗜甜，長城牌罐裝免治牛肉加上煎雞蛋是食客的必選。

飛碟三文治

大概在二十年前左右，三文治機（sandwich toster）被引進香港。其體積輕巧，且用法簡單，只需要在兩片方包之間夾入喜愛的餡料，其中以火腿芝士最受歡迎。只需數分鐘，便製作出熱騰騰的烘三文治，而且麵包的邊都是壓平的，中間則是「脹卜卜」，貌似三角型的飛碟，因此大家都不約而同地叫它做「飛碟」。不過，茶餐廳一般沒有供應這款三文治，反而是在一些新興而且規模小的輕食店有供應。

完成後的飛碟三文治

當年製作飛碟三文治的器具及食材

食店的「過河」文化

香港得以成為全球推崇的美食大都會，是由於中西文化匯聚。中餐以廣東式的點心酒樓稱霸，西餐則以高級酒店西餐廳為基礎，再慢慢演變成獨特的港式茶餐廳。但是，如果說港式茶餐廳完全是從高級酒店西餐廳演變而來，卻有點以偏蓋全。準確一點說，港式茶餐廳是以西方飲食文化為體，本土「粗獷」的飲食及生活文化為用。

平民露天飯堂

開埠初期，香港政府對於食肆管理非常嚴厲，要申請食肆牌照，店內必須設有洗手間。這些要求成為很多小市民開設食店時的絆腳石。所謂「上有政策，下有對策」，小本經營的創業者便想到用單車或三輪車改裝成可販賣熟食的流動食店，穿梭於大街小巷，對於收入一般的勞動階層非常吸引。方便、價廉又能充飢，就是流動熟食小販的致勝之道。

漸漸地，長期盤踞街角的小販開始搭建鐵皮屋，把鐵皮屋當作小廚房，在外面搭起橋凳，顧客踎在橋凳或站著吃，所以稱為「踎大牌檔」，中環威靈頓街及三角碼頭附近最為熱鬧。後來顧客漸多，不少檔主每天清早把摺枱及摺凳放在街上開檔，晚上把生財工具鎖進鐵皮屋內。鐵皮屋像一個個小盒子般排列在街上，成為一條「食街」。每間鐵皮屋地方有限，大多數檔主只能供應種類十分有限的食品，粥檔賣粥，麵檔賣麵，茶檔賣飲品，卻促成了「過河」的生意，令檔主之間可以守望相助、互贏共利。如果顧客吃麵時想喝咖啡，只需跟麵檔下單，伙記便跟茶檔大嚷：「喂，一杯咖啡過河！」茶檔伙記便會把咖啡送到麵檔顧客面前，然後直接收錢。

這種經營默契，便是獅子山下鄰里之間互相扶持的真實寫照。

戰前的大牌檔（照片由 Mr. Ricky Lau 提供）

戰後的大牌檔（照片由 Mr. Ricky Lau 提供）

熟食市場茶檔

七十年代，政府在公共屋邨興建「冬菇亭」，把街邊的大排檔取締。「冬菇亭」採用五角型設計，讓不同的食店投標，大牌檔的「過河」文化遂移植到冬菇亭。後來，政府在各區興建的市政大廈，把街邊大牌檔安置到市政大廈的熟食市場，並停止發出新的大牌檔牌照，現有的牌照便隨牌主終身作結，不能給後人繼承。

於是，香港的小型茶餐廳，便得以在穩定的地方，漸漸發展及結集歡迎的西吃，以平民化的生活方式展現出來，一個屬於香港人的飲食文化正式落地生根。

食譜篇

法式西多士

材料：

方包兩片、牛奶一百二十五毫升、糖四茶匙、鹽一茶匙、雞蛋一隻。

做法：

一、將牛奶，糖及鹽放進一個大碗內混和，把麵包放入吸收一下，然後涼出多餘的牛奶。

二、把雞蛋打成蛋漿備用。

三、以煎鑊用中火煮溶牛油，然後將麵包放入蛋漿後即放入煎鑊，用中火煎至兩面都是金黃色。

秘技：

採用隔夜麵包，由於麵包的水分較少，會令多士更脆口，又不浪費。

香港人的「茶餐廳精神」

曾有文化人類學家研究大眾的飲食習慣是如何反映社會變遷，香港正好是一個很好的討論個案。

十九世紀西力東漸，亞洲不少地方成為西方國家的殖民地，開始受西方文化薰陶。開埠前，香港只是一個自給自足的漁港。英國佔領香港後，在經濟上，逐步發展成為跨國貿易的中轉站；在飲食文化上，香港人開始接觸奶茶、牛扒、多士等西方食物。

一九四九年中國政權易手，不少有財富和有知識的中國人逃難到香港，更多的是低下階層的百姓。他們為香港帶來了資本、技術及大量廉價的勞動力。當中不乏從上海前來避難的人。上海較香港更早開放，早已經歷了西方文化的洗禮，上海人更把西餐上海化，創造了「海派西餐」。於是，上海化的西餐亦隨著他們來到香港，在香港開設華人西餐廳。之後，他們再加以創造，實行中西合璧，將西方食材與本土煮調技巧 fusion 起來，產生了我們今天的豉油西餐。

他們不少人最後選擇在香港扎根。香港，成為了他們的家，他們以「香港人」這個身分自居。於是，香港的社會環境變得更多元化，既有寺廟，也有教堂；既有酒樓，也有餐廳，其後更發展出今天成行成市的港式茶餐廳。

如果有人問我甚麼是香港精神？我認為就是「獅子山精神」和「茶餐廳精神」。

西方人來到香港，嚴格區分華洋之別，在很多方面歧視華人。於是，香港人學會自強、堅毅，大家守望互助，在獅子山下好好生活，從而發展出「獅子山精神」。同時，香港人又力求上進，憑著創造力和包容性，在多變的環境下，即使面對挑戰仍然能夠尋找生存空間，吸收殖民者帶來的飲食文化，演變出一套「茶餐廳精神」。

希望在現今的社會環境下，香港人能夠繼續發揮「獅子山精神」和「茶餐廳精神」，莊敬自強。

後記

三年前，從自家的故事構思了《得閒去飲茶》，譜寫了獅子山下香港人的人情味。當時，香港仍然是我們熟悉的香港。

到構思《得閒飲西茶》的時候，香港人經歷了不少風浪。這些事情令我內心產生糾結：「真香港」去了那裡？這讓我下定決心要完成本書，藉此書與讀者分享西方飲食文化在香港的演變與發展。更重要的是，本土飲食從業員如何在西方飲食文化中注入本地的飲食元素，以及他們打拼的故事，從而尋找出「真香港」。聆聽受訪者各自奮鬥的故事，他們都是勤勤懇懇，充滿活力和拼勁地在香港默默耕耘，令香港贏得「美食天堂」的國際聲譽。原來「真香港」就在咫尺。

自《得閒去飲茶》出版後，我和丈夫成立了一間同名的政府認可的慈善機構及社會企業，以「飲茶、關愛、傳承」為宗旨，舉辦一系列的社會關愛活動，令本書更加深入民心。《得閒飲西茶》將會延續這個理念，希望各位讀者能夠身體力行，令香港仍然是你們所關愛的香港。

期待你們的參與！

查詢電郵：carmen@3yumcha.hk

鳴謝

本書得以完成，我在此非常感謝以下各位人士及單位的無私協助及分享，讓讀者得以瞭解香港飲食文化的變遷。

賜序的關則輝先生、張順光先生。

提供珍貴照片的 Mr. Ricky Lau。

半島酒店：Carrie Sung、Eric Cheung、Johnny Chung、Chef Benny。

南園餐廳：劉俊南先生、劉朝漢先生。

森美餐廳：葉聯先生。

樂意扒房：William Yeung。

銀龍粉麵茶餐廳：劉榮坡先生、鄧秉雄先生。

海安咖啡室：Annie Yeung。

三聯書店：梁偉基先生。

還有林嘉雯小姐的兩脇插刀、我媽媽的老火湯、李家精神的獻計及美圖工程、丈夫 Alan 的全力支持。

責任編輯　梁偉基
書籍設計　吳丹娜
插　　畫　吳文敏

書　　名　得閒飲西茶
著　　者　李嘉雯
出　　版　三聯書店（香港）有限公司
　　　　　香港北角英皇道四九九號北角工業大廈二十樓
　　　　　Joint Publishing (H.K.) Co., Ltd.
　　　　　20/F., North Point Industrial Building,
　　　　　499 King's Road, North Point, Hong Kong
香港發行　香港聯合書刊物流有限公司
　　　　　香港新界大埔汀麗路三十六號三字樓
印　　刷　美雅印刷製本有限公司
　　　　　香港九龍觀塘榮業街六號四樓A室
版　　次　二〇一七年七月香港第一版第一次印刷
規　　格　特十六開（150 × 210mm）二百二十八面
國際書號　ISBN 978-962-04-4168-4